imaginist

想象另一种可能

理
想
国
imaginist

黑毡上的北魏皇帝

修订本

罗新 著

上海三联书店

图书在版编目（CIP）数据

黑毡上的北魏皇帝/罗新著. -- 修订本. -- 上海：
上海三联书店，2022.2（2024.6重印）

ISBN 978-7-5426-7651-1

Ⅰ.①黑… Ⅱ.①罗… Ⅲ.①中国历史—研究—北魏
Ⅳ.①K239.210.7

中国版本图书馆CIP数据核字(2021)第267577号

黑毡上的北魏皇帝（修订本）

罗新 著

责任编辑/徐建新
特约编辑/黄旭东
装帧设计/陆智昌
内文制作/李丹华
责任校对/张大伟
责任印制/姚　军

出版发行/上海三联书店
　　　　　（200041）中国上海市静安区威海路755号30楼
邮　　箱/sdxsanlian@sina.com
联系电话/编辑部：021-22895517
　　　　　发行部：021-22895559
印　　刷/山东新华印务有限公司

版　　次/2022年2月第1版
印　　次/2024年6月第5次印刷
开　　本/787mm×1092mm　1/32
字　　数/83千字
印　　张/5.375
书　　号/ISBN 978-7-5426-7651-1/K·663
定　　价/45.00元

如发现印装质量问题，影响阅读，请与印刷厂联系：0534-2671218

修订本弁言

这本小册子原作为《海豚书馆》丛书的一种，2014年由海豚出版社出版，其实不是一本书，只是主题相关的三篇文章。这次修订，除了对这三篇文章略作增损外，还增加了一篇讨论北魏平城时代西郊祭天某些细节的小文，这样总算稍稍提高了字数，使得小册子看上去不至于太单薄。当然单薄不只反映在篇幅上，问题和意义的分量也不够，或者说，我对问题的发掘和讨论还过于浅近。

把这几篇文章放在一起，是因为它们探讨同一个问题：中国历史上发挥了重要作用的那些内徙内亚人群，一方面固然深受华夏文化的影响，另一方面又多多少少继承和坚持某些内亚的文化传统。这些内亚传统中的相当一部分在史书记录中或遗忘或变形，依稀仿佛，难以辨认，所以清理这些残存的线索就成为一个足以显示历史多样性和丰富性的工作。以内亚视角重读历史，无疑具有巨大的空间，只是以我的学力，实在捉襟见肘，没能奉献有价值的研究范例。好在后浪滚滚，我们有理由对学术的未来抱持乐观。

庚子大疫之年，整理先师田余庆先生遗墨，得读先生2003年笔记中有如下一条：

实处见虚真货色，无中生有臭文章。

小满得句，录以自励。

自忖此生做文章，近于两者都有，幸亏中年觉悟，力求实处见虚。转机出在知命之年，恰为一生乖舛之际，亦异也，亦难也。转机在曹袁之文，此后文章未必都有价值，但都不是无中生有，都力求一个真字，求言之有物，庶几免于臭文章之讥刺也。至于理想中的"真货色"，我心向往而力所不及，但对此境界略有领悟，亦知足矣。《庄子·知北游》："臭腐复化为神奇，神奇复化为臭腐，故曰通天下一气耳。"臭腐神奇，一也，辨识在人而已。《朱子语类辑略》："作文字须是靠实，说得有条理乃好，不可架空细巧。大率要七分实，只二三分文。……"

同样意思的话，我多次听田先生说过，重温之下，还是既感动又愧疚。2014年夏天这个小册子刚出时，我呈给田先生一册，随即匆匆远行，来不及听到他的批评，不意竟成永诀。忽忽六年，自顾两手空空，岁月虚度，田先生若在，不知会多么失望。现在修订出版这本勉强凑成的小册子，想到田先生的话，不免逡巡徘徊。先师典型，虽不能至，心向往之。真货色非所敢望，臭文章是一定要避免的。言念及此，小册子的厚薄并不足论，因为还有更严切的标准在。

冬寒已至，谨弁数言。

目　录

黑毡上的北魏皇帝

引　言

　　政治仪式是政治权力的一种表达。

　　亚诺什·鲍克（János M. Bak）在为他自己主编的那本研究欧洲中古及近代早期加冕礼的论文集所写的导言中，强调所谓加冕礼（coronation）就是中古和古代政权的一套符号性和仪式性行动，其目的在于正当化君主的统治权，并使此统治权得以呈现。[1]任何政治体的领导权更替都会有一定的仪式性表达。在一种文化传统之内，这类仪式通常是相对稳定的，与该文化传统内各政治体的历史、信仰与权力结构密切相关。仪式的展开过程，也就是一整套富于文化内涵的多重符号的独特组合过程。对这一组合过程及其变化的观察、分析与揭示，对于理解相关政治体的政治文化至关重要。

作为标志新君主开始掌握权力的所谓"即位"仪式[2]，自然也是华夏古典政治文化极为重要的一部分，传统上归入那复杂深奥的"礼"的范畴，向来是研究的热点。[3]

而在内亚（Inner Asia），尤其在内亚游牧帝国的政治中心地区如蒙古高原，政治领导权的确立与更替同样有自己独特的仪式性表达，这一仪式固然随时代、人群和文化的不同而有所变化，但也有清晰可见的连续性和继承性贯穿其中，使内亚政治文化迥然有别于华夏传统而自成一系。

下面我们试从北魏皇帝即位仪式的代北因素入手，一方面观察拓跋鲜卑政治传统与华夏传统的遭遇、碰撞及变异，另一方面考察鲜卑旧俗（所谓代都旧制）与内亚政治传统间的联系。通过揭示代北因素与内亚传统间的深刻联系，以及这种联系在华夏传统持续作用下的弱化与消解，我们在观察和理解中国历史连续性的同时，也应该对内亚历史的独立性和连续性有自觉和清醒的认识，对中国历史与内亚历史的复杂关系有更充分的理解，对包括十六国北朝在内的诸多具有强烈内亚因素的帝制王朝的历史，有一个足以超越现代民族国家局限的理解。

一、孝武帝元脩的即位仪式与"代都旧制"

北魏后废帝安定王元朗中兴二年（即孝武帝元脩太昌元年、永兴元年、永熙元年）四月二十五日戊子（532年6月13日），孝武帝（即出帝）即位于洛阳东郭。[4] 魏收《魏书》仅记"即帝位于东郭之外，入自东阳、云龙门，御太极前殿"。[5]《北史》记即位及之前事远详于《魏书》。关于即位的仪式，《北史》有曰：

> 用代都旧制，以黑毡蒙七人，（高）欢居其一。帝于毡上西向拜天讫，自东阳、云龙门入。[6]

卜弼德（Peter A. Boodberg）是最早深入研究这条材料的学者。他1939年在《哈佛亚洲学报》（HJAS）发表著名的《北朝史旁注》（Marginalia to the Histories of Northern Dynasties）一文，其第四节即专论拓跋脩之即位仪（The Coronation of T'o-pa Hsiu）。[7] 卜弼德的研

究中最具启发之处，除了把这一仪式与后来突厥和契丹的类似仪式相联系以外，还特别指出这条材料仅见于《北史》，为《魏书》所无，而《北史》多出来的部分是 24 个字，似乎与中国古书每行 22 到 24 字的格式相关，也就是说，《北史》作者从另一史源获取这条材料后，在不破坏《魏书》书写格式的情况下嵌入了这一材料。[8]

卜弼德说这条材料源于何书已不可知。不过，我认为《北史》这一条，可能取材于隋代魏澹所撰《魏书》。

《隋书·经籍志》有魏澹《后魏书》一百卷，少于魏收书三十卷。[9]魏澹此书之撰作，据《隋书》魏澹本传，是因为隋文帝杨坚"以魏收所撰书襃贬失实，平绘为《中兴书》事不伦序"，故"诏澹别成魏史"。[10]可见包含北魏和东西魏历史的魏史著述，在魏澹之前，除魏收书之外，还有平绘《中兴书》。平绘《中兴书》不见于征引评议，大概是西魏北周时所撰，专记自孝武帝开始的北魏末年至西魏史事，以有类《晋中兴书》而得名。《隋书·经籍志》不载平绘《中兴书》，也许因为该书的文字和编次技巧都较弱，"事不伦序"的问题很严重，因而在魏澹书成后随即不传。而魏澹《魏书》虽流传至唐宋，亦不为世所重，唐刘知几就说"今世称魏史者，犹以（魏）收本为主焉"。[11]

魏澹书的最大特点，自然是以西魏为正统，如刘知几所说，"澹以西魏为真，东魏为伪，故文、恭列纪，孝靖称传"[12]，也就是说，西魏的文帝和恭帝都列入本纪，而东魏的孝静帝却只能进入列传。隋文帝下令重写魏史的动机，应该就是要为西魏争正统。虽然魏澹书最终不传，但西魏诸帝得列《北史》本纪，且位在东魏孝静帝之前，节闵帝、孝武帝等得以西魏所上谥号为称，应该主要是魏澹《魏书》的功劳。

魏澹书一些不同于魏收书的记事，得为《北史》所采。《资治通鉴》叙孝武帝即位前后事，亦详于《魏书》，甚至有逸出《北史》者[13]，这逸出的部分极可能直接来自魏澹书。前引有关孝武帝即位仪式的记事，如果不是由《北史》和《资治通鉴》所转载，此一重要的历史线索就会永远沦没，而这条记事的史源，应即魏澹《魏书》。至于魏澹是否取材于前人著作如平绘《中兴书》，现已无从考证。

魏收《魏书》语焉不详的孝武帝即位仪式，在西魏史料中却得到细致记载，也许因为关西方面一则需要强调孝武帝的法统，一则也要讥讽高欢行事之不合中原传统。这两个动机固然是相互矛盾的，却也彼此混融共存，昭显了那个时代的北方社会，在价值观、文化情感和传统认同方面，存在着多么深刻的破碎和分裂。

孝武帝（出帝）本避难于洛阳城西，高欢派人绕了一个大圈子把他接到城东，即位于东郭。尔朱荣死后其子侄们所立的前废帝（节闵帝）元恭也一样即位于东郭，长广王元晔建明二年（前废帝普泰元年）二月己巳（531年4月1日），"（尔朱）世隆等奉王东郭之外，行禅让之礼"。[14] 必须看到，虽然这两次即位仪式都在洛阳城东郊举行，不过在制度传统的意义上，东郊即位并没有可深入探讨的地方，无论是在华夏礼制传统中，还是在内亚政治文化的传统中。比如，尔朱荣立孝庄帝，即位仪式是在黄河南岸举行的，"南济河，即帝位"[15]，而高欢立后废帝安定王元朗，"即皇帝位于信都城西"[16]，都没有刻意在东郭举行。

在洛阳东郭举行的这两次即位仪式，有着同样的背景，即必须在进入洛阳之前完成禅位（诸尔朱以节闵帝元恭取代长广王元晔，高欢以孝武帝元脩取代节闵帝元恭和后废帝元朗），以避免仓促而立又即将废黜的皇帝在进入洛阳时仍然保有皇帝的身份。因此，孝武帝即位的地点并不具有文化与制度的意义。

具有文化与制度意义的是孝武帝即位的仪式本身，这个仪式，就是要在由七人承负的黑毡上西向拜天。

虽然这类仪式在北朝史料中仅见此一例，不过《北史》"代都旧制"的说法当非虚语。出身和资历都不够显赫的高欢，在背叛尔朱氏并控制朝廷以后，面临着对"一年三易换"变局给出合理解释的难题。[17] 他找来孝文帝的血胤元脩取代自己在信都匆忙间就近推出的景穆帝五世孙元朗，显然是为了给自己的起兵行动争取更多的合法性。[18] 从这个意义上说，高欢对于孝文帝法统得到尊崇的社会心理是了解的，而且也是顺从的。然而，他以"代都旧制"立元脩为帝，显然有悖于孝文帝"模唐虞以革轨仪，规周汉以新品制"的制作精神[19]，事实上是对孝文帝改制的否定。在这里我们又看到了互相冲突的动机，对孝文帝的尊崇与否定同时并存。权力基础尚不稳固的高欢，既要取悦中原旧民和随孝文帝南迁来到中原的代北集团，又要安抚早先团聚在尔朱荣旗下的六镇及并肆恒朔等北州武人[20]，二者间、二者各自社会内，广泛存在着对立与裂隙。高欢行将统治的是如此一个沟壑纵横的分裂社会，这就注定了他的政治选择会释放出彼此矛盾、方向混乱的信号。

这种在七人承负的黑毡上西向拜天的即位仪式，既称"代都旧制"，就可以理解为迁都洛阳以前北魏的皇帝即位旧仪。可是，在有关平城时代的史料中，新皇帝于黑毡上西向拜天的记录一点踪迹也没有。

不过，拓跋鲜卑的许多礼制和职官制度，在魏收编纂《魏书》的时候，因"旧令亡失，无所依据"[21]，已无从记录。登国元年（386）拓跋珪即代王位，《魏书》的《太祖纪》记其事曰"郊天，建元，大会于牛川"[22]，不及仪式；《礼志》记曰"西向设祭，告天成礼"[23]，也缺乏细节，唯"西向设祭"一语，略微反映拓跋旧俗中祀天仪式的方向（orientation）特征。天兴元年底，即西元399年初，拓跋珪由代王而称魏帝，却仅在宫中行礼，未行郊祭，反不如称代王时典礼隆重。

对此，我的理解是，登国元年的大典其实就是称可汗，从拓跋社会的角度看，可汗已是最高政治职务，称帝并没有改变说鲜卑语的统治阶层内部对拓跋珪的可汗称谓。[24]

一年一度的祀天在拓跋旧礼中最为重要。《魏书·礼志》详记天赐二年（405）四月西郊祀天之仪，是认识北魏早期礼制传统十分宝贵的资料。兹不避烦琐，抄写于下：

（道武帝）天赐二年夏四月，复祀天于西郊。为方坛一，置木主七于上。东为二陛，无等。周垣四门，门各依其方色为名。牲用白犊、黄驹、白羊各一。祭之日，帝御大驾，百官及宾国诸部大人毕从。至郊所，帝立青门内近南、坛西，内朝臣皆位于帝北，外朝臣及大人咸位于青门之外。后率六宫从黑门入，列于青门内近北。并西面。廪牺令掌牲，陈于坛前。女巫执鼓，立于陛之东，西面。选帝之十族子弟七人执酒，在巫南，西面、北上。女巫升坛，摇鼓。帝拜，后肃拜，百官内外尽拜。祀讫，复拜。拜讫，乃杀牲。执酒七人西向，以酒洒天神主，复拜，如此者七。礼毕而返。自是之后，岁一祭。[25]

　　根据《魏书·礼志》的这一记录，祀天大典举办场所的中心是一个方坛，坛上立七根"木主"，皇帝百官六宫妃嫔及宾国诸部的大人酋长都要参礼，但参礼之时内外有别，以墙垣为界划分参礼者身份的内外。司礼者是一个执鼓的女巫，同时"选帝之十族子弟七人执酒"，在女巫鼓声的导引下，皇帝、皇后（在太武帝祭先祖石室祝文里写作可寒、可敦[26]）以下依次肃拜，然后杀牲，七个执酒者面向西方（即方坛的方向），把酒洒向方坛上所立的七根木主（即所谓天神之主），洒酒之时全体下拜，这样重复七次，才算完成大典。[27]

　　较早从内亚文化传统的角度研究这段材料的康乐，总结这一仪式中的五个特点，就是祀天于城西（此即康乐所说的"西郊"）、立七木主（即《魏书·礼志》所说的"天神主"）于方坛上、后妃参与祭礼、女巫执鼓主祭以及宗室子弟执酒主祭。[28]

　　其实"帝之十族"并不都是宗室，从北魏传统来说，只有具备直勤（tegin）名号的拓跋子弟才算宗室。[29]

　　所谓"帝之十族",《魏书·官氏志》说就是献帝的三个兄长、四个弟弟、一个叔父和一个"疏属"的后裔,"凡与帝室为十姓,百世不通婚",构成拓跋集团的核心。"太和以前,国之丧葬祠礼,非十族不得与也。"[30]在内亚,重大"丧葬祠礼"的参与者,总是限于边界清晰且相当狭小的一个范围,其结果就是那些最为要紧的典礼总是缺乏外部人员的观察记录,也就显得十分神秘。元初王恽《中堂事记》称忽必烈的祀天大典,"皇族之外,皆不得预礼也"[31],参礼者同样是一个相当封闭的社会圈子。清代皇帝正旦祭堂子,"汉官不随往",只有王公和满洲一品文武有资格参礼,被屏蔽在外者自然免不了要对这一祭仪胡乱猜测,演化出许多想象之外的想象。[32]

　　"十族"的说法在北朝源远流长,北周时庾信作《周柱国大将军长孙俭神道碑》,还以"长城拔本,十族分源"来夸耀长孙氏的高贵地位。[33]祀天大典的执酒行礼七人,必从"帝之十族"中挑选,反映了"非十族不得与"的原则。高欢主导的孝武帝即位仪式,七人负黑毡以承新君,当是拓跋旧制。不过,代北时期的负毡七人,必与祀天仪中的执酒七人一样,出自"帝之十族"。而孝武即位时的负毡七人中，"欢居其一"，已经破坏了"非十族不得与"的代北传统。高欢在高调地恢复拓跋传统的同时，也对传统略加改造以服务于当前的政治目标。

高欢对即位典礼的改造当然要放到政治史的视野下才好理解，不过政治仪典作为工具性很强的文化传统，本来就是政治活动的一部分，必然随着政治情势的变化而变化。以北魏祀天仪为例，前述《魏书·礼志》所记天赐二年的祀天仪，后来发生了相当大的变化。《南齐书》记平城以西北魏的祠天坛云：

> 城西有祠天坛，立四十九木人，长丈许，白帻、练裙、马尾被，立坛上，常以四月四日杀牛马祭祀，盛陈卤簿，边坛奔驰奏伎为乐。[34]

前引《魏书·礼志》所说的四月西郊祀天，在这里具体为四月四日，方坛上的七木主，已增加为四十九，这是每年增加七根的结果。《南齐书》还记有齐武帝永明十年（北魏孝文帝太和十六年，492 年）南齐使臣萧琛和范云所观摩并报告的四月四日祀天仪：

宏西郊，即前祠天坛处也。宏与伪公卿从二十余骑戎服绕坛，宏一周，公卿七匝，谓之蹋坛。明日，复戎服登坛祠天，宏又绕三匝，公卿七匝，谓之绕天。[35]

与《魏书·礼志》相比，不仅方坛上所立的木主从七根增加到了四十九根，而且祭典的高潮也已从君臣拜坛变成戎服骑马绕坛，即所谓"蹋坛"和"绕天"。"蹋坛"时，皇帝只需要骑马绕行一周，"绕天"时三周，公卿则一律绕骑七周。从江上波夫研究匈奴祭祀所总结的春秋二祭的情况看[36]，似乎《南齐书》所记的绕坛骑行更符合内亚的古老传统，而《魏书》所记的君臣礼拜却较为接近中原传统。何以如此？我猜想，也许魏收所据的史料已经有所缘饰而去真相较远。

孝武帝于黑毡上即位，黑毡是不是偶然的选择呢？

《南齐书》记齐明帝建武二年（北魏孝文帝太和十九年，495年）孝文帝南征，"军中有黑毡行殿"[37]，是当时皇帝所居毡帐以黑毡蒙覆。又记北魏"辂车建龙旗，尚黑"。[38]自太和十五年（491）正月起，孝文帝终止承秦为土德，改以承晋为水德，服色尚黑。[39] 那么，黑毡行殿与车服尚黑是不是起因于太和十五年的行次改革呢？或者说，孝武帝即位仪中使用的黑毡，究竟是一种代北旧制，还是把举毡称汗的老传统与行次改革后服色尚黑的新传统杂糅起来的结果呢？

要回答这个问题，还需要考察举毡称汗的内亚渊源。

正如前人早已注意到的，这种被拥戴者以毡托负起来登上首领职位的即位仪式，的确是内亚游牧政治体的古老传统。尽管拓跋鲜卑以前及同时的资料已不可见，但之后上千年间的证据不仅足以证明拓跋的"代都旧制"的确存在并且曾为北魏长期遵用，而且也说明了内亚传统的独立性和连续性，为我们理解古代中国历史中的内亚因素提供了一个便利的窗口。

二、内亚传统中的可汗即位仪式

护雅夫在《游牧骑马民族国家》中专辟一章"即位仪礼之谜"，讨论内亚游牧政治领袖的即位仪式问题。[40] 他把突厥以下内亚可汗与日本古王的即位仪式联系起来进行比较研究，显示了对内亚历史连续性的独到关怀。虽然他的关注点集中在萨满仪式中死后复生的象征意义，但他也注意到举毡拜汗的现象，特别是突厥和契丹的可汗即位仪式。而汉文史料中对突厥和契丹即位仪式的记录，正是历来研究者都特别关注的。《周书》记突厥之俗曰：

> 其主初立，近侍重臣等舆之以毡，随日转九回，每一回，臣下皆拜。拜讫，乃扶令乘马，以帛绞其颈，使才不至绝，然后释而急问之曰："你能作几年可汗？"其主既神情瞀乱，不能详定多少。臣下等随其所言，以验修短之数。[41]

这条记录中的后半部分，即有关新可汗自己预言在位年数的部分，受到研究内亚可汗选立问题的丹尼斯·塞诺（Denis Sinor）注意，拿来与可萨（Khazar）及伏尔加突厥人的类似记录相比较，但他对"舆之以毡"的细节没有置评。[42] 前面提到过的卜弼德《北朝史旁注》长文中，有一节"拓跋猗卢之即位仪"，专门处理前引《北史》

所记孝武帝即位仪的史料，虽然他的重点在于探讨古书行格的形式问题，但他也认定突厥的即位仪式并不是从拓跋借入的，二者其实都源自一个共同的古老传统，即内亚传统。[43]

史料没有说明突厥可汗即位仪中参与舆毡的人数以及毡子的颜色，但"随日转九回，每一回，臣下皆拜"的说法，又为孝武帝即位仪的史料所未言，这种差异自然与史料各自的详略偏重相关，也因为同一传统下的同一仪式在不同时期、不同地域、不同政治体之间必定存在细节差异。"随日转"，即向右旋转，也就是以顺时针方向旋转。这一点，可由《旧唐书》所记唐穆宗长庆二年（822）太和公主降回鹘可汗事证明。

> 既至虏庭，乃择吉日，册公主为回鹘可敦。
> 虏先设大舆曲扆，前设小座，相者引公主升舆，回鹘九姓相分负其舆，随日右转于庭者九，公主乃降舆升楼，与可汗俱东向坐。[44]

"随日右转于庭者九"，和突厥一样。但可敦坐在车

上，由数目不明的"九姓相"抬起来。这则史料的宝贵
之处在于，可敦即位可能也有一个类似的仪式。而且证
明，回鹘可汗的即位仪式中，同样有贵族一同抬起新可
汗旋转并接受臣下礼拜的细节。回鹘可汗即位时，是坐
在车上还是毡上呢？可惜没有材料来说明。即使回鹘可
汗即位时，与可敦一样是坐在车上而不是毡上，那也必
是回鹘对于古老的毡上立汗传统的调适与改造。无论如
何，回鹘与突厥有非常近似的立汗仪式，这样说应该是
没有什么疑问的。

　　而同样继承了内亚传统的契丹，从《辽史》所记柴
册仪的细节来看，似乎也是对举毡立汗仪式某种程度的
改造与发挥。

　　　　皇帝入再生室，行再生仪毕，八部之叟前导后
　　扈，左右扶翼皇帝册殿之东北隅。拜日毕，乘马，选
　　外戚之老者御。皇帝疾驰，仆，御者、从者以毡覆
　　之。皇帝诣高阜地，大臣、诸部帅列仪仗，遥望以拜。
　　　　翼日，皇帝出册殿，护卫太保扶翼升坛。奉七庙
　　神主置龙文方茵。北、南府宰相率群臣围立，各举

毡边，赞祝讫，枢密使奉玉宝、玉册入。[45]

辽帝奉置龙文方茵上的七庙神主，与北魏天赐时期
祀天仪中立于方坛上的七木主，至少在形式上似有某种
联系。皇帝从飞奔的马上跌落后，由御者和从者覆之以
毡，似乎不见于他处。魏特夫（Karl A. Wittfogel）与冯
家昇早就发现，柴册仪的这一部分，可能与《周书》中
突厥人扶可汗上马并以丝帛绞新可汗之颈，然后让他说
出在位年数的仪式，有一定联系。[46]而"群臣圜立，各举
毡边"的仪式，似乎又与内亚举毡立汗的古老传统，有
着密切的关联。

比较柴册仪这一细节与《周书》记突厥立汗仪式的
文字，契丹新可汗之"乘马"，就是突厥人"扶令乘马"。
柴册仪中外戚年长者驱马疾驰，如此之快，以至于把新
可汗从马上颠下地来。突厥立汗仪式没有这一细节，很
可能是《周书》漏记了，而不是真的没有。然后，《辽史》
说驱马者与扈从者赶上前，用毡子把新可汗包裹起来。
包裹起来之后做什么呢？《辽史》再无记录。根据《周
书》，接下来就是用丝巾勒新可汗的脖颈，致其缺氧昏迷，

再问他居位年数，这个情节与可萨立汗仪式完全一样。很可能，契丹可汗也要经历这一环节，只是史书有意无意地漏记了。就仪式细节的复原而言，突厥与契丹的现存史料可以互为补充。[47]

汉文史料中关于内亚举毡立汗传统的直接与间接证据，就只能找到这些了。不过幸运的是，在汉文以外的史料中，我们还可以找到相当多的线索。

首先是有关蒙古征服时期的，其中最值得注意的是有关蒙古大汗即位仪式的记录。有赖中亚史和蒙古史研究者们多年的努力发掘，我们现在要找到这些记录已不那么艰难了。

当然，第一个进入视野、也是研究者理所当然最关心的，就是成吉思汗的即位。最基本的蒙古史料，包括汉文、波斯文、蒙古文史料，有关成吉思汗即位的记录中，都没有提到举毡的仪式。以《蒙古秘史》为例，只简单记了成吉思汗 1206 年在斡难河源聚众而自立为汗一条，并无立汗仪式的细节。

《元朝秘史》卷八第 202 节汉文总译云：

　　成吉思既将众部落收捕了，至是虎儿年，于斡难河源头，建九脚白旄纛，做皇帝。[48]

　　按照旁译，最后一句应译作"在那里把成吉思汗的尊号与了他"。

　　根据李盖提（Louis Ligeti），这一句的蒙古文复原应该是：

　　　tedüi sisgei to'urqatu ulus-i šidurqutqaǰu bars ǰil Onan-nu teri'ün-e quriǰu yisün költü čaqa'an tuq bayyi'ulu'at Činggis qahan-na qan nere tende ökbei.[49]

　　《元朝秘史》的旁译才准确表达了原意。阿尔达扎布的汉译作"共奉成吉思合罕以合罕之尊号"[50]，是较为贴近原文本意的。按照内亚的古老传统，奉上尊号（可汗号）是立汗仪式的标志性结果，是原文一定会强调的。

　　札奇斯钦把各类蒙古史著，包括《元史》、《圣武亲征录》、洪钧《元史译文补证》、蒙古文《黄金史纲》、蒙古文《黄金史》等文献中有关成吉思汗即位的记录，条列出来进行比较，可以看到各本所记大都与《蒙古秘史》一样。[51] 波斯文史书中即使情节有所不同，如志费尼（'Ata-Malik Juvaini）《世界征服者史》，但也只是加入了一个神秘的 Teb-Tengri 代宣天意，亦全然不见举毡立汗的情节。[52] 同样，在有关成吉思汗以后的窝阔台汗、贵由汗、蒙哥汗等几位蒙古大汗的汉文、蒙古文和波斯文史书中，与举毡立汗相关的情节亦全无影踪。

当然，这并不意味蒙古立汗大典中没有类似仪式。我们要做的是求救于更"边缘"的史料。

亚美尼亚人修士海敦（Hayton，亚美尼亚王海敦一世的侄子，海敦在一些文献中转写为 Hethum）口授于尼古拉斯·法尔孔（Nicholas Falcon）的《东方史之花》（Flor des Estoires de la Terre d'Orient）[53]，先以法文写出，1307 年译为拉丁文。对于我们关心的成吉思汗的立汗仪式而言，书中有一段极为宝贵的材料，罗恩·塞拉（Ron Sela）已从法文译成英文[54]，今据其英译转译成汉文如下：

鞑靼人设好宝座，在地上铺一张黑毡，让成吉思坐上去。七个部族的首领们齐举黑毡，把成吉思抬到宝座上，称他为汗，向他跪拜效忠。对于鞑靼人依此形式向主子效忠，其庄严与隆重，你不应感到惊奇。对于他们用那么一张毡子把主子抬到宝座上，你也不应感到奇怪，不必疑惑他们是否懂得更好的办法，或疑惑他们也许根本就没有更鲜丽的衣物。也许你会诧异于他们完全不想改变他们那古老的仪式，特别是在他们征服了如此广袤的土地和人民之后。我曾两次目睹鞑靼人选立大汗，看到他们如何在一个开敞的地方聚集，如何设立华丽的宝座并在地上铺以黑毡。这之后，酋长们和成吉思的子孙们，把他高高举起，安放在宝座上，然后向他效忠。虽然已经强大，虽然已经富有，但他们并没有改变这一仪式，仅仅因为他们不想改变。

海敦修士没有到过蒙古，当然就没有机会参加蒙古大汗的就职典礼。他所说的"我曾两次目睹鞑靼人选立大汗"，是指他在波斯伊利汗国的经历。而他对成吉思汗就职仪式的记录，恐怕得自他人讲述，其中其伯父亚美尼亚王海敦一世于1254—1255年入朝蒙哥汗的见闻和记录[55]，一定是他重要的资料来源。依据这个记录，成吉思汗是由七个人用黑毡抬上大汗宝座的，其中举毡者的人数和毡子的颜色，竟然与《北史》所记魏孝武帝的即位仪完全一样，不能不让人深深诧异。海敦修士这种局外人的描述，与蒙古官方的记录（无论以什么语言和文字留存下来），存在这么大的差异，这个事实本身也让我们理解了内亚的这一传统何以如此稀见于官方记录。

参加贵由汗即位大典的局外人是很多的，他们的转述或直接记录成为后来许多旅行记的重要内容，其中最有名的就是方济各会（Franciscan）修士加宾尼（John of Plano Carpini）。可是他那著名的旅行记一点也没有涉及举毡立汗的细节，只说蒙古人把贵由汗放到宝座上然后跪拜。[56]幸运的是，另一个道明会（又译多明我会，Dominican）修士西蒙·圣宽庭（Simon of Saint-Quentin）却留下了非常不同的记录。西蒙作为阿思凌（Ascelin）修士领导的使团成员之一，于1245—1248年出使蒙古[57]，其旅行报告的全文虽已散佚不传，但在13

世纪道明会修士博韦的文森特（Vincent of Beauvais）所著百科全书《大镜子》（*Speculum Maius*）的三部之一，也是流传最广的一部《历史之镜》（*Speculum Historiale*）当中，有十九章标明出自西蒙的报告，其中有对贵由汗即位仪式的详细描述。[58] 贝托尔德·施普勒（Bertold Spuler）在《蒙古史》（*History of the Mongols*）中转抄了这一部分[59]，兹据该书的英译本把西蒙修士所描述的贵由汗即位仪式翻译如下：

> 当所有的王公大臣聚集到一个指定地点后，他们在正中央放置一个镀金的宝座，让统治者（贵由汗）坐上去，将一把剑放到他面前，说："我们情愿、请求并决定您当我们所有人的头领和主人。"他回答："你们要我当你们的主人，你们都准备好坚决服从我的任何命令，召之即来，任我驱遣，我说杀谁就杀谁，是这样吗？"他们都回答："是的。"于是他说："那么从现在起，我的话就如此剑。"他们纷纷表示赞成。
>
> 然后他们在地上铺了一张毡子，让他坐上去，对

他说："仰视则见天神，俯看则见您所坐的毡子！如果您好好统治帝国，慷慨公正，善待王公大臣，您的统治必定辉煌，全世界将会在您的统治下弯腰鞠躬，天神会满足您的一切心意。可是，如果您行止乖张，您将会落得悲惨可怜、无人尊敬、万人唾弃、一贫如洗，甚至连您现在所坐的毡子也将不复归属于您。"

说完了这些话，首领们让大汗的妻子紧挨着大汗也坐到毡子上，待两人都坐好，他们抬起毡子，把大汗夫妻高高举起，伴随着欢呼的喧嚣，宣布他们是所有鞑靼人的皇帝与皇后。然后，他们取来察合台死后留下的难以计数的金银珠宝，全部交由他（新大汗）处置。而他立即用这些财宝赏赐到场的王公贵人，剩下的则留给自己。

欢宴随后开始，按风俗要一直持续到深夜。大车拉来煮熟的、没有放盐的肉，一块肉要分给四到五人。帐内的人们会被分给肉与放了盐的肉汤，而不是调味品。只要举行宴会，他们总是会这么做。

　　西蒙修士的报告有力地支持了海敦修士对成吉思汗即位典礼的描述。虽然他们都不是亲眼看见，但他们一定有可靠的依据。研究者指出，西蒙修士的资料来源，很可能是蒙古官员 Anguthan，他在哈拉和林参加了贵由汗的即位典礼，并且刚刚从哈拉和林来到波斯的蒙古军大营，而那时西蒙修士恰好就在那里，有机会听他讲述典礼的细节。[60] 西蒙没有说明毡子的颜色和举毡者的人数，但明白无误地加入了大汗妻子的情节，证明立汗仪式中也要承认可敦（Khatun）的政治地位。可见前引《旧唐书》记太和公主与回鹘可汗的婚礼，也许并非仅仅因为她是唐公主才举行的典礼，而是成为可敦必须经历的仪式，而且这个仪式与可汗即位时的仪式非常接近。西蒙修士的报告涉及举毡之前的君臣对话，当然这些对话也是仪式必不可少的一部分。[61]

　　大蒙古国时期立汗仪式记录中有举毡情节的，目前所知只有上述两条。忽必烈及其后的元朝诸帝中，据罗恩·塞拉在波斯文史书中搜检所得，只有元武宗海山（1307—1311 年在位）的即位典礼描述中，保存了一条与举毡相关的史料。[62] 这条史料出自 14 世纪波斯历史学家瓦萨夫（Vaṣṣāf）所著《瓦萨夫史》（*Tārīkh-i Vaṣṣāf*）。[63]
瓦萨夫本名 Sharaf al-Dīn Abd Allāh Ibn Faẓl Allāh Shīrāzī，
又称 Vaṣṣāf al-Hazrat，活跃于 1299—1323 年间，Vaṣṣāf
是他在伊利汗国宫廷中的职衔，意思是赞辞撰写者。[64]
《瓦萨夫史》被认为有意接续志费尼的《世界征服者史》，
完成之前曾呈送完者都（Öljeitü）。与元武宗即位有关
的这一段重要材料，罗恩·塞拉已据德黑兰 Ibn-i Sina
1959 年版（第 501 页）译成英文 [65]，今谨据罗恩·塞拉
之英译，转译为汉文如次：

> 依照旧俗，海山盘腿坐在一张白毡上。七个最
> 重要的王公负责把他送上宝座，他们中的四个人抓
> 住毡边，两个人拉着他的双臂把他扶入宝座，最后
> 一人呈上一杯酒，光彩闪耀，有如太阳。

蒙古的所谓"旧俗"，犹如北魏的"代都旧制"，都
是说各自的内亚传统。这条材料中，元武宗是坐在白毡
而不是黑毡上，举毡者的数目却和海敦修士所记成吉思
汗即位仪完全一样。据罗恩·塞拉的研究，《瓦萨夫史》

还描述了其他元朝皇帝的即位，不过除了共有的特点如宴会、宰杀白马和牛之外，却再无一人曾如武宗一样有过举毡的仪式。这当然不说明元朝只有武宗实践过这一"旧俗"，只是瓦萨夫未曾得到其他皇帝即位仪式的详细资料而已。蒙古史家托马斯·爱尔森（Thomas Allsen）指出，正是因为在完者都时期伊利汗庭与元朝廷之间十分亲密友好，人员来往和信息交流的渠道特别畅通，《瓦萨夫史》对元武宗、元仁宗的记录才有较为生动的细节。[66]也许这可以解释，何以瓦萨夫对元武宗即位仪式的描述成为一个例外。

也就是说，我们可以相信，自成吉思汗以下，蒙古大汗和元朝皇帝们的即位典礼中，都有坐于毡上被抬入宝座的仪式。如果把前举三条仅有的蒙元时代的材料都看作历史信息的残破片段，它们之间的差异处也许可以互补，它们的矛盾处也许只是由信息碎片自身扭曲变形造成的（如黑毡写作白毡等），那么，举毡前的问答对话，奉宝剑与新君，可敦与可汗同坐黑毡，七贵人一同举毡，镀金的宝座，贵人奉上盛满的酒杯，臣下欢呼，新汗大赐财物，通夜欢宴，等等，就是每一次即位典礼中都不能缺少的程序与主题。

　　根据哈萨克民间传说，成吉思汗立汗时所坐的是白毡而不是黑毡。哈萨克斯坦的阿拜《阿拜箴言录》里有一篇《浅谈哈萨克族的起源》，文中根据民间传说讲述了成吉思汗立为大汗的仪式[67]：

　　　　当成吉思汗被蒙古诸部拥立为可汗时，哈萨克人曾派遣使者去庆贺。然而，这一仪式是在什么地方举行的，这一点尚不清楚。据传说，当时他的军队就驻扎在钦吉斯山哈拉兀勒河河畔。当时，十二个部落每个部落出一个人，按照蒙古的习惯，在叫"汗"的高山顶上，让成吉思汗坐上汗的宝座——白毡子上，拥立他为可汗……当时的十二个人之中有一个叫麦科比的哈萨克人。哈萨克有句名言："所有的词汇都有一个根底，那就是麦科比。"这一名言反映了麦科比是一个出口成章的智者。

　　这个传说当然不可据为信史，但用白毡取代黑毡的变化，还是颇有认识价值，因为这不是对 13 世纪历史的记忆，而是对伊斯兰化之后中亚突厥语世界延续蒙古立汗仪式的记忆。因为，不止蒙元的大汗与皇帝们享受了前述立汗仪程的一套程序。在蒙古征服后的中亚伊斯兰世界，在各主要汗国时期及汗国解体后的相当长时期内，不仅成吉思汗的子孙后裔，或那些自我宣称的成吉思汗子孙后裔，而且那些并无蒙古血统、与成吉思汗建立不起血缘联系的政治酋领，都继承并实践了这一套即位礼仪。

15 世纪中亚世界的外部观察者中，最著名的或许是巴伐利亚人约翰·施尔特伯格（Johann Schiltberger），他先是因参加匈牙利与奥斯曼的战争受伤被俘，成为奥斯曼苏丹的侍从人（runner），待帖木儿在安卡拉战役中大败奥斯曼军，又沦为帖木儿及其子孙的奴隶。在颠沛流离逃归故乡之前，他几乎走遍了中亚、中东和高加索地区，获得了无可比拟的旅行经验。他的旅行记《奴役与旅行》（*The Bondage and Travels*）中有一段涉及蒙古传统下钦察汗国（the Great Tartaria）的举毡立汗仪式：

　　　　还应注意到，当他们（鞑靼人）选举一个王的时候，他们会让他坐在白毡上，把他抬起来，连举三次。然后他们抬起他，绕毡帐而行，把他放置到宝座里，还搁一把金剑在他手里。然后他必须按惯例发出誓言。[68]

对于 16 至 19 世纪中期中亚各地举毡立汗的礼仪实践，罗恩·塞拉在波斯文和察合台文史料中进行了卓有成效的挖掘，他所举出的众多例证，对中亚史的外行来说不啻意外的财宝。比如，他在波斯文史书《汗之礼物》(*Tuḥfat al-khānī*, 此书又名 *Tārīkh-i Muhammad Rahīm Khāni*) 中摘出专记 Muhammad Rahīm 汗即位的一章，译为英文，然后加以分析。[69] 我们把其中举毡立汗的部分转译如下：

大异密（Amir）们和贵人们聚集到哈里发宝座之下，他们带来并铺展开吉祥的白毡，这是在遵循王者登基的习俗。君王陛下将他有福的双足踏上白毡，坐下，一如习俗的要求，面朝多福的方向。

按照古老的成吉思裔苏丹们的习俗，为了把即位者放到宝座里以完成立汗仪式，得由四个氏族（urugh）的异密们抓住毡子的四角把他抬起来——而且他们不许别人参与或代劳——可是这一次不同了，宗教领袖们、法官们和异密们，出于他们的忠诚和热情，一窝蜂地冲上前来，抓起毡子的边沿。……他们赞颂真主，抬起新汗，把他抬到宝座里，如同太阳和月亮升起来一样。[70]

罗恩·塞拉在中亚的波斯文和察合台文文献中找到有关举毡立汗的证据如此之多，简直令人瞠目，已足以证明他的论断：举毡立汗的仪式是普遍地实行着的，其源头是蒙古征服者的即位仪式。在他注意到的历史文献之外，我们还可以举一个近代欧洲人在中亚的见闻证据。匈牙利人阿米纽斯·万贝里（Arminius Vámbéry）于1863年伪装为土耳其苏菲（dervish）到中亚旅行了一番。他次年在伦敦出版的《中亚旅行记》（*Travels in Central Asia*）说希瓦汗国的阿敏汗（Mehemmed Emin Khan）"被举上白毡才两天"就率军进攻土库曼游牧部落。正文中对"举上白毡"的解释是："一种在希瓦和浩罕举行的尊立统治者的仪式。"万贝里在脚注中进一步说明："我被告知，自成吉思汗时代以来一直采用这种仪式立汗，至今依然，当然它只是察合台部落那些酋领的特权。"[71]

根据罗恩·塞拉上述杰出的研究可知，随着政治权力和宗教文化格局发生巨大的转变，中亚各大小政治体如何一方面通过保持举毡立汗的传统仪式获取政治合法性，另一方面又通过对仪式细节的调整和改造，来适应变化之后新的政治结构与伊斯兰社会。比如，他发现，黑毡慢慢置换成了白毡，因为白色是伊斯兰更崇尚的色彩；七贵人举毡演化为四人举毡，因为这符合16世纪以后四埃米尔的制度传统；女性不再出现在毡上，是为了与伊斯兰的文化倾向相协调；等等。他还讨论了16世纪以前为什么官方文献总是对这一仪式保持沉默，他从伊斯兰法与成吉思汗"大扎撒"之间价值冲突与权力协商的角度，试图对此一奇怪现象做出解释。当然，这个角度的理解还不足以解答何以东方文献同样存在普遍沉默的难题。

无论资料如何不全面、不充分，无论解释如何不足以令人惬意，从现有的研究可以看到，举毡立汗无疑是内亚草原古老且富有强韧生命力的政治文化传统。已有的证据显示，拓跋鲜卑、突厥、回鹘、契丹和蒙古都沉浸在这一传统之中。而且还可以推测，与拓跋同时的柔然，与回鹘同时的黠戛斯，与契丹同时的奚，以及许许多多其他曾经结成较大政治团体的所谓部族，都不太可能置身这一传统之外。

如果要进一步追问，这个古老传统，古老到什么时候？拓跋之外的鲜卑各部，如慕容、乞伏、秃发等，与鲜卑几乎同时的乌桓，以及，已知内亚最早的游牧帝国匈奴，以及匈奴帝国治下以突厥语（Turkic）和蒙古语（Mongolic）诸不同人群为主体的草原各部，是否都曾有过这种举毡立汗的典礼实践呢？既然6、7世纪的东突厥汗国有此礼俗，那么西突厥没有把这一传统带入中亚吗？也就是说，在13世纪蒙古征服者到来之前，举毡立汗的仪式从未在中亚（特别是其草原地带）上演过吗？

虽然"文献不足征"，很多细节已无从研究，但必须承认，提出这些疑问对思考内亚历史的诸般特性是有帮助的。

三、内亚作为一个方法

前引海敦修士在《东方史之花》中对蒙古立汗仪式的记载，伴随着他对蒙古人长期坚持举毡传统的感慨，他的感慨大概起因于他认为毛毡过于朴素，与蒙古征服者已经拥有的巨大财富相比显得寒酸。然而，对游牧人来说，毛毡的重要性无论如何强调都是不过分的。

研究者相信毛毡可能是人类最早的纺织物[72]，中亚和西亚都已发现极为古老的毛毡实物[73]。劳费尔（Berthold Laufer）早就对欧亚大陆古文明中的毛毡织物进行了概括性研究，认为最早的毛织物技术可能是在伊朗高原发明的。[74]他把古代毛毡织物与游牧人联系起来的论断，得到古阿尔泰地区考古发现的支持。[75]彼得·安德鲁斯（Peter A. Andrews）在他那部已成经典的《毡帐与亭阁》（*Felt Tents and Pavilions*）中，对源自内亚游牧世界的毛毡建筑研究甚深，可惜并没有涉及毛毡的文化与政治价值。[76]

就我们所探讨的内亚草原举毡立汗的传统仪式来说，有学者早就注意到游牧社会萨满教传统中毛毡所具有的宗教意义[77]，也许这对理解该仪式的起源具有启发意义。

不过，我们在这里并不打算考察立汗仪式举毡环节的起源、程序、演化及其象征意义，这里所关注的，是该传统持久存在这一事实本身所带给我们的启示。

只有从内亚传统这个角度，我们才能理解，不仅草原上突厥和回鹘的可汗们经过了这一仪式之后才能爬上权力顶峰，而且在中原建立统治的北魏的大多数皇帝们，以及后来元朝的皇帝们，都是由七个王公贵人用黑毡托上皇帝宝座的，都经历了大致相同的立汗仪式。尽管这类仪式在当时的官方文献中总是被过滤、被遮蔽、被扭曲、被包装，可是，对内亚传统的敏感和自觉，有时会帮助我们重新识别某些碎片化了的信息，使某些无所依凭的史料在内亚史的视野下焕发新颜，呈现深层的意义。下面试举两个与内亚立汗仪式其他环节相关的例证，对以上判断加以说明。第一个例子与立汗仪式上的君臣对话有关，第二个例子则涉及立汗仪式上新可汗预言自己的在位年限。

先看第一个例子。《魏书》记道武帝天赐六年（409）十月戊辰夜，清河王拓跋绍率亲信突入宫中杀死道武帝，变起仓促，外朝毫不知情：

　　明日，宫门至日中不开。绍称诏召百僚于西宫端门前北面而立，绍从门扇间谓群臣曰："我有父，亦有兄，公卿欲从谁也？"王公已下皆惊愕失色，莫有对者。良久，南平公长孙嵩曰："从王。"群臣乃知宫车晏驾，而不审登遐之状，唯阴平公元烈哭泣而去。[78]

　　《资治通鉴》记清河王绍之言，改为"我有叔父，亦有兄，公卿欲从谁"。[79]田余庆先生认为，当时清河王绍之父道武帝已死，他不宜再说"我有父"，《资治通鉴》改父为叔父是对的，而叔父就是指阴平公元烈。[80]不过，以"父"代指"诸父"，在古典文献中也还是常见的。更何况清河王绍当时应该不是说汉语，而是说拓跋鲜卑的语言（大概是杂有较多突厥语因素的古蒙古语[81]），在拓跋鲜卑的语言环境下，"父"和"兄"应该都是复数形态，译成汉语才显得模棱两可。即使《魏书》此处原佚一字，这段话所讲述的故事仍然不够显豁。这时，我们可以看看《辽史》所记契丹柴册仪的文字：

　　皇帝诣高阜地，大臣、诸部帅列仪仗，遥望以

拜。皇帝遣使敕曰："先帝升遐，有伯叔父兄在，当
选贤者。冲人不德，何以为谋？"群臣对曰："臣等以
先帝厚恩，陛下明德，咸愿尽心，敢有他图。"皇帝
令曰："必从汝等所愿，我将信明赏罚。尔有功，陟
而任之；尔有罪，黜而弃之。若听朕命，则当谟之。"
佥曰："唯帝命是从。"[82]

柴册仪中契丹新君即位之前谦虚推让时所说的"有
伯叔父兄在，当选贤者"，与北魏清河王拓跋绍所说的
"我有父，亦有兄，公卿欲从谁也"，绝不是巧合。拉施
特（Rashīd al-Dīn Hamadānī）《史集》记窝阔台汗当
奉成吉思汗遗令即位，可是他对聚集在面前的蒙古王公
们说：

> 尽管成吉思汗的命令，实际上是这个意思，但
> 是有长兄和叔父们，特别是大弟托雷汗，比我更配
> 授予大权和担当这件事……[83]

《史集》记贵由汗被拥立时"照例逊谢，（将汗位）

让给各位宗王"。[84] 所谓"照例逊谢"，就是遵守固有的立汗程序，指出与自己同样具备资格或甚至更有资格的汗位候选人。这种资格虽然仅仅是理论上的，但承认他们的资格是新君的政治责任，也是构建新政治联盟的前提。窝阔台的推让主要针对托雷，可他还是首先说"有长兄和叔父们"。在撒克斯顿（W. M. Thackston）的译本里，译为 I have elder brothers and uncles[85]，与柴册仪中"有伯叔父兄在"和清河王绍所说"我有父，亦有兄"，几乎完全一样。很显然，这是仪式性对话，是即位仪式上新君与拥戴者之间对话某个环节较为固定的套话，都要使用复数形式，并不取决于说话人实际有多少伯叔兄长。在游牧政治体的早期阶段，从宗亲血缘的意义上说，凡在可汗血亲范围内的（比如在鲜卑、突厥和回鹘时期，那些拥有 Tegin 头衔的人），以年龄大为优先，只要年龄排在前面，就都具有（或理论上更具有）继承权，他们是新君的父兄，新君理应指出他们的权利、承认他们的权利并表示推让。

元英宗于至治三年（1323）八月遇弑于南坡，泰定帝九月即位于龙居河，发诏大赦天下，诏书原文是蒙古文，仓促间找不到合适的汉士译成文雅的汉文，因此成为《元史》所收唯一的一篇硬译体元代白话诏书，优点却是更贴近原蒙古文诏书的表达。其中有自叙继承大位资格的一段：

> 今我的侄皇帝生天了也么道，迤南诸王大臣、军上的诸王驸马臣僚、达达百姓每，众人商量着：大位次不宜久虚，惟我是薛禅皇帝嫡派，裕宗皇帝长孙，大位次里合坐地的体例有，其余争立的哥哥兄弟也无有；这般，晏驾其间，比及整治以来，人心难测，宜安抚百姓，使天下人心得宁，早就这里即位提说上头，从着众人的心，九月初四日，于成吉思皇帝的大斡耳朵里，大位次里坐了也。[86]

泰定帝的继承资格首先取决于他的血统，即忽必烈"嫡派"、裕宗"长孙"，其次则是"其余争立的哥哥兄弟也无有"，成了继承序列里排名最靠前的一个，对下一代来说，他就是那个不愿放弃继承权利的"父"。虽然诏书并非立汗仪式上的对话，但仍然详细解释了自己的继承资格，一定程度上是泰定帝向蒙古社会所作的解释与说明。

综上所述，北魏清河王拓跋绍从门缝里对北魏王公大臣们所说的"我有父，亦有兄，公卿欲从谁也"，其实是立汗仪式上的一句话。他以这种方式宣布道武帝已死的消息，并且试图获得被拥立的机会。当然，就仪式的意义说，他部分地成功了，只是政治从来不会被仪式所局限。如果不能认识到清河王绍是在套用内亚立汗典礼上的言语，我们对端门前这一活动的仪式性意义就会理解不足。由于清河王绍突然使用了这一言语，端门前的活动被转化为立汗仪式的一部分。王公大臣仓促间不知所措，长孙嵩对曰"从王"，很大程度上也是仪式的习惯性力量造成的。虽然身为清河王绍叔父的阴平公元（拓跋）烈"哭泣而去"，其他人却都不敢离开会场，说明立汗仪式的第一部分已几乎完成。《北史》记"元绍之逆，百僚莫敢有声，惟（元）烈行出外，诈附绍，募执明元"[87]，可见元烈的"哭泣而去"，也是在宣布拥戴清河王绍为新可汗、新皇帝之后。

这个例子说明，对内亚传统的敏感与自觉，有助于我们对熟知史料的再阅读，有助于唤醒某些沉睡中的历史信息，而赋予孤立史料以新的意义、新的历史纵深感。

我们再看第二个例子。

前引《周书》记突厥之俗，涉及立汗仪式上新可汗预言自己在位年限，兹再引如下：

> 拜讫，乃扶令乘马，以帛绞其颈，使才不至绝，然后释而急问之曰："你能作几年可汗？"其主既神情瞀乱，不能详定多少。臣下等随其所言，以验修短之数。[88]

这种习俗不再见于中文史籍对其他内亚集团的记录。但正如举毡立汗的传统一样，不见于记载绝不等于不存在。我们还是把视野扩及中文史料之外。需要再次说明的是，下面两条非中文史料都是由丹尼斯·塞诺提示的。[89]

10世纪波斯地理学家伊斯塔赫里（al-Iṣṭakhrī）曾游历伊斯兰东部地区如河中（Māwarā'an-nahr）、呼罗珊（Khurasan）等地，著有《道里邦国志》（*Kitāb al-Masālik wa-al-Mamālik*）。在这本著名的中古地理书中，有一段讲述了伏尔加地区可萨人如何选立可汗的制度，今据其英译转译成中文如下：

　　至于他们的政治制度，权力最大的人称为可萨可汗（Khaqan），比伯克们要威风得多、高贵得多，尽管可汗其实是由伯克们任命的。当他们要任命可汗时，他们抓住他，用一条丝绸勒他的脖子，直至他濒临死亡。然后问他：你希望统治多久？他回答：若干若干年。如果他在那年限之前死了，那还好，不然的话，在接近那年限的时候他就会被干掉。[90]

　　关于可萨可汗的任职年限以及超越年限的惩罚，著名的阿拉伯旅行家伊本·法德兰（Ahmad ibn Fadlān）在其旅行报告中也提到了。伊本·法德兰于 921 年受阿拔斯朝哈里发派遣，从巴格达出发，艰难北行，出使伏尔加的保加尔人。他的旅行报告本来只有残缺的手抄件流传，一直到 20 世纪才由著名突厥学家泽基·韦利迪·托安（Zeki Velidi Togan）在伊朗找到一份 13 世纪的完整手抄本。该报告最受西方学者重视的地方是记录了伏尔加的维京人，而且作者目击了维京人的船葬仪式。难得的是，伊本·法德兰也提到了可萨人的政治体制和风俗习惯。其中有关可萨可汗在位年限的一段是这样讲的：

> 可萨王（可汗）的统治年限是四十年。若有谁超过了这个年限，哪怕只超一天，臣民与扈从就会杀掉他，宣称："他已丧失理智，思想混乱。"[91]

伊斯塔赫里和伊本·法德兰这两条材料的共同之处是可萨可汗有任期年限，而且，都提到超越年限就会面临死亡。不同之处在于，伊斯塔赫里的记录把年限的设定与立汗仪式联系了起来，伊本·法德兰的记录则笼统地说是四十年。不难猜测，四十年也许是伊本·法德兰恰好亲历获知的某位可汗的年限，而不会是历任可汗的共同年限。

6世纪的突厥和10世纪的可萨在立汗的仪式上，都有以丝巾勒新汗之颈然后让他预言在位年限的环节，这绝非偶然的情节雷同。内亚历史的独立性，意味着以蒙古高原为中心的草原各游牧人群间有着高密度的文化与政治接触，从而作为一个历史单元鲜明地区别于南方定居农耕社会各人群及其政治体。可萨与突厥共享着这个内亚传统。内亚传统的连续性，意味着在与外部政治体、文化体发生接触并接受影响的同时，内亚各游牧人群所建立的政治体之间的相关性，可以保障内亚独特的文化与政治传统能获得连续的传播与发展，无论是在时间上（从6世纪到10世纪），还是在空间上（从鄂尔浑河谷到伏尔加河谷）。

就是那位在伊朗的伊斯法罕发现伊本·法德兰旅行报告完整手抄本的那位突厥学家泽基·韦利迪·托安，在回忆录里提到当他小时候在乌拉尔山间的经学堂读书时，选举班级学生头领的仪式：

> 秋季经学堂一开学，就得选出称作kadi的学生头儿来，让他坐在四人高举的白毡上，被一众学生掐、打，甚至用锥子使劲地戳，疼得他哭叫起来。[92]

托安教授认为，这个习俗源于古老的突厥选汗的传统。在19世纪末20世纪初突厥世界的边缘地带，还能看见的这种古老的选汗立汗仪式的残余，固然未必直接源于古突厥（事实上可能来自长期统治欧亚草原与中亚绿洲的蒙古人），但宏观地看，内亚游牧世界象征性文化符号的跨语言、跨地区、跨时代的传播继承与发展，正是内亚历史独立性与连续性的美妙诠释。

也就是说，立汗仪式上让神志不清的新可汗预言自己的在位年限，作为一个传统，不仅存在于突厥与可萨两个汗国，也不仅发生在 6 至 10 世纪。虽然没有更多的史料，但可以相信，突厥汗国的这个习俗（或制度），是从内亚更早的政治体承继而来的，比如柔然，以及与柔然同属一个语言文化群的其他鲜卑集团，甚至略早一些的乌桓，等等。我不敢提到匈奴，因为有较多的证据显示，匈奴帝国崩解之后的内亚游牧政治文化发生了一个较大的转折，这个断裂是否存在、性质如何，还需要今后仔细研究。而在突厥汗国之后，薛延陀、回鹘、黠戛斯等草原政权，应该继承并延续了这一传统。

正是从这个角度，我发现契丹不仅保存着这一传统，而且，非常有趣的是，很可能耶律阿保机之死，就是他超越了自己预言的在位年限的结果。对这个问题，我另有《耶律阿保机之死》一文，已收入本书，请读者参看，兹不赘言。这里只想补充一条，那就是通过控制脖颈气管氧气吸入的方式造成神志迷失，达到某种"出神"状态，可能是古代内亚"萨满"的作业手段之一。现代西方青少年中广泛流行的危险的 choking game，就是以织巾或手臂紧勒脖子，造成缺氧而获得极度体验。古今两者间的机制是一样的。

成书于 13 世纪中期（657/1260 年）的波斯文史书《纳昔儿史话》（*Ṭabaqāt-i Nāṣirī*），描述了一个由成吉思汗主持的仪式，虽然不是立汗仪式，却是为发起对金汗（Altun Khan）的反叛而举行的一个非常特别的仪式[93]：

　　　　成吉思汗决心反叛，他召集大军，首先下令所有蒙古人都到一座山下集结。根据他的指令，在整整三天三夜的时间里，男人与女人分开，孩子与母亲分开，人们都不戴帽子，不吃不喝，连牲畜也不能给它们的幼儿喂奶。成吉思汗本人进入一座 khargah（毡帐），用一根扎毡帐的绳子缠绕自己的脖颈，整整三天三夜都不离开那座毡帐。这期间所有集结在那里的蒙古人都呼喊着：长生天！长生天！

　　三天过去，第四天的黎明时分，成吉思汗从毡帐里出来宣称："长生天已许我胜利。现在让我们做好准备，去找金汗报仇雪恨！"接下来的三天，在同一个地方，他们大肆缟宴。三天结束时，成吉思汗率领大军出发，沿着逃跑者贾法尔（Jafar）出山时走过的路，出到山外，进入桃花石（Tamghaj）之国，实施侵袭，屠戮其人民。

仅见于《纳昔儿史话》的这个仪式中，有绞勒脖颈的重要阶段。当然其史源可能经过了多重转译和增损，属于历史记忆重叠变形的结果。

　　只有从内亚传统的独立性和连续性的角度，只有把新汗预言在位时间的传统置于内亚政治文化广袤深邃的背景中，《周书·突厥传》的这一记录才显得别有深意。上举两个与中古内亚可汗即位仪式相关的例证，或许可以帮助读者认识到，内亚传统与中国历史之间，是有明显区分、又彼此纠缠的学术问题。这一思路引导我们进行以下的理论思考。

四、内亚传统的连续性与中国历史的内亚性

　　把北魏皇帝看作中国古代皇帝历史的一个阶段和皇帝群体一个部分，当然是没有问题的，但前面对内亚立汗仪式的讨论，又引导我们从新的角度看待他们——他们不仅是华夏帝制国家的皇帝，也是内亚游牧征服集团的可汗，他们的历史活动，是多种文化传统的碰撞、融合与新生。北魏的所谓"代都旧制"，分明就是内亚传统的一部分。

　　内亚历史上，一些政治集团解体并消亡了，如匈奴和柔然帝国的崩解；一些集团南迁进入中国传统农业地区了，如拓跋鲜卑进入农耕地带建立基于农耕社会的政权；一些集团西迁进入中亚了，如西突厥以及回鹘和契丹的残部离开蒙古高原迁到西域。然而，内亚草原上的游牧社会与游牧文化从未中断，内亚游牧政治体也持续涌现，尽管这些政治体规模有大小之别，主要统治集团成员所说的语言各不相同，各政治体的历史认同（主要表现在部族名号与起源迁徙的历史叙述上）亦频频改换，但内亚政治和文化仍然呈现鲜明的连续性。

　　这样，我们就面对两个问题，一是如何看内亚历史的独立性和连续性，二是如何看中国历史与内亚历史之间的复杂关系。

　　内亚历史的独立性和连续性，是一个不难理解的命题。在内亚这个独立的地理单元[94]，内亚人民创造了独立的内亚历史，这在理论上是很容易理解的。可是，对相当多的中国研究者来说，把内亚看成与中国相对立的另外一个历史单元，不免是一个知易行难的问题。传统王朝历史学以中原王朝为中心，边裔四方都是中原历史叙述的附庸，其各自历史传统的独立性本来就很难进入史学认识的思虑之内。而在现代史学中发展出来的民族史观，与传统的王朝史观相结合之后，更容易忽略内亚（所谓北方）民族之间深刻的文化、语言和社会联系，而强调各自民族集团的起源、迁徙与消亡，把这些民族集团的历史分别配置在中国的王朝断代史的大框架之中。

　　依照中原王朝断代史的框架，虽然改朝换代，统治者换了，旗帜服色改了，有时连历书和度量衡都改了，却没有人会认为这些变化意味着中国历史的断裂。可是，在处理内亚历史问题时，很少有人把柔然、突厥、回鹘的连续发展看成与中国改朝换代性质相同的政治变局。许多人不自觉地倾向于把它们看作彼此区别的民族集团，因此它们之间的斗争与取代，就有别于中国历史上的朝代更迭，而主要是不同民族集团间的生存斗争。时间轴线上的政治重组，被置于空间平面上切割成社会群体间的征服与取代。

事实上，历史上几乎所有的所谓"民族"，都首先是政治组织，是政治体，是以政治关系和政治权力为纽带构建起来的社会团体，尽管这种团体总是要把自己打扮成以血缘关系为基础的、具有生物学意义上紧密联系的社会群体。[95] 政治体是实质，血缘联系通常是出于政治目的而创造出来的历史叙述。内亚不同时期的统治集团固然有变动，但作为各政治体基础的民众，当然存在着政治权力主导下的社会组织变化和一定程度的文化变迁，但还是那些人，还是那些社会成员或其后裔，与中原王朝的改朝换代并无两样。

前面所讨论的可汗即位仪式在内亚不同时期、不同政治体间的继承与流传，提示了内亚传统不容否认的连续性。当然，这种仪式传统的连续性，只是内亚整体历史独立性与连续性的一个方面。

把内亚历史与中国历史平行看待，并不意味这两个历史单元之间是泾渭分明、决然可分的。毫无疑问，历史上的游牧内亚与农耕中国之间并不存在一条清晰的分界线，在任何一个特定的历史时期，中原王朝与内亚政权之间都保持着空间、文化和人群的部分重叠关系，但这并不妨碍以蒙古草原为中心的内亚和以长城以南农业地区为中心的古代中国各自形成独立的历史单元。两个历史单元之间的交叉、重叠和相互影响，在不同时期的强弱程度固然不同，但各自的独立性和连续性始终明晰可见。因此，正如绝不会有人同意中国历史可能是附属于内亚历史的，我们也不应该把内亚历史视作中国历史的一个附庸。

这种把内亚历史与中国历史区分开来的观点，当然并不是为了增加历史叙述的混乱。相反，这样做，恰恰是为了拓展历史视野的丰富层次，无论是对于中国历史还是内亚历史的研究来说，新视野都同样提供了新的动力、新的方法和新的可能。

在承认内亚历史独立性与连续性的前提下，我们还面临如何看待中国历史与内亚历史之间的复杂关系的问题。

必须强调的是，这两个各自独立的历史单元之间，始终存在着接触、交叉和重叠，中国史与内亚史的这种重叠交叉贯穿了全部中国历史的各个时期。从这个意义上说，匈奴、柔然、突厥、回鹘等内亚草原上的游牧政治集团的历史，固然属于内亚史，但也是中国史的一部分。而十六国北朝、辽、金、西夏、元、清等在中国建立了稳定统治的王朝的历史，当然是中国历史不可分割的重要阶段，但也是内亚史的一部分。就中国历史上那些与内亚人群关系密切的王朝来说，如果不从内亚史的视角去观察这些王朝，历史的多个面向就被遮蔽、被压抑了。

近年来新清史造成的冲击[96]，根本缘由就是在以前的清史研究中，理论上清晰自觉的内亚史视角及方法都缺席了。新清史的成功，就在于具备了内亚视角，看到了清朝历史的内亚性。新清史研究者相信，清史的相当一些问题，必须从内亚传统的角度予以观察才看得更清楚。这样做，并不是要否定清朝是属于中国历史的一个王朝，也不是要否定清史是中国历史的一个阶段，而是要揭示出清史中也存在着内亚因素，清史的一部分与内亚史是重叠的。如果不从内亚史的角度去探索，那么清史的这一部分就无法得到有效的解释。具备了内亚视角的新清史，才会特别重视满文史料，才能提出前人未曾提出的问题，从而照亮了清史长期被忽视、被遮蔽的那一面。

必须看到，清史并不是孤立现象。固然，那些以来自内亚的人群集团为统治核心的王朝，如十六国北朝、辽、金、西夏、元和清，其历史内容理所当然地洋溢着强烈的内亚气息，而那些并非由内亚人群直接建立的王朝，如秦、汉、魏、晋、唐、宋和明等朝代，其历史的相当一部分也是与内亚深刻纠缠在一起的。中国历史所固有的这种充斥内亚因素的现象，说明中国历史存在一种不容忽视的内亚性（Inner-Asia-ness）。

非常容易理解的是，内亚性当然不是均匀地存在于中国历史的各个时期和各个地区。反过来说，内亚历史也存在着深刻的——也许是更深刻的——中国因素，而中国因素在内亚的分布无疑也是不均匀的，不同地区、不同人群、不同历史时期，中国因素的分布有着巨大的差异。研究内亚历史，必须充分考虑这种差异及其变动。从中国史的角度看，这种时空分布的不均衡正是中国历史中内亚因素强弱久暂复杂多变的反映。以敏捷的学科自觉去探索并理解中国历史的内亚性，相当于获得了一个新的工具、新的方法、新的处理史料的手段，这样，有可能"使得之前受压抑的声音，被隐藏的叙述，逐渐地浮出台面"[97]，呈现历史的另一种迷人景象。

平城时代的北魏皇帝们是在黑毡上完成即位仪式的，他们既是北魏的皇帝，也是拓跋的可汗。然而，从历史发展来看，华夏传统下的皇帝与内亚传统下的可汗，并不能在一个统治者身上均衡存在，北魏政权的内亚性事实上发生了或快或慢的衰减。高欢所主导的孝武帝举毡立汗仪式，以及同一时期或稍后在东、西魏（以及北周和北齐）出现的所谓"反汉化"倾向，也并没有扭转北朝后期内亚性逐渐消退的趋势。

然而，内亚性的这种衰减过程，不同于过去常说的"汉化"或"民族融合"，因为从内亚性的退出或变形，可以看到历史更层叠的关联，以及更多向的变化。

注释：

1. János M. Bak, Introduction: Coronation Studies—Past, Present, and Future, in: János M. Bak, ed., *Coronations: Medieval and Early Modern Monarchic Ritual*, Berkeley: University of California Press, 1990, p. 1.

2. 西嶋定生：《中国古代国家と东アジア世界》，东京：东京大学出版会，1983年，第93—113页。又参看尾形勇：《中国の即位仪礼》，载井上光贞等编《东アジア世界における日本古代史讲座》第九卷，东京：学生社，1982年，第21—48页。

3. 金子修一：《中国古代皇帝祭祀の研究》，东京：岩波书店，2006年，第431—561页。又请参看金子修一：《中国古代と皇帝祭祀》，东京：汲古书院，第196—222页。关于古礼考察的政治史意义，请参看甘怀真：《皇权、礼仪与经典诠释》，台北：台湾大学出版中心，2004年，第1—118页。

4. 魏收《魏书》称元脩为出帝，这应该是高欢政权在元脩西奔关中后对他的称呼。西魏方面在杀死元脩后谥之为孝武帝，显然并未得到东魏方面认可。唐修《北史》不采出帝而以西魏谥号为称，应当是遵循了魏澹《后魏书》的做法。

5. 《魏书》卷一一《出帝纪》，北京：中华书局，点校本，2017年，第332页。

6. 《北史》卷五《魏本纪五》，北京：中华书局，点校本，1974年，第170页。

7. Peter A. Boodberg, Marginalia to the Histories of Northern Dynasties, in: *Harvard Journal of Asiatic Studies*, vol. 4 (1939), pp. 230-283. 此文后收入卜弼德文选 *Selected Works of Peter A. Boodberg*, compiled by A. P. Cohen, Berkeley: University of California Press, 1979, pp. 265-349。

8. 虽然卜弼德有关中国古籍稳定的每行字数的说法对于我们理解许多校勘问题是有启发的，但具体到《北史·魏本纪》这一条，我以为不可拘泥其说，因为《北史》详于或略于《魏书》的地方很多，多数都无法用每行22到24字的方式来解释。

9. 《隋书》卷三三《经籍志二》，北京：中华书局，点校本，2020年，第 1084 页。

10.《隋书》卷五八《魏澹传》，第 1595 页。标点未依原书。

11. 刘知几：《史通》卷一二《古今正史》，见清浦起龙《史通通释》本，
上海：上海古籍出版社，1978 年，第 365—366 页。

12. 浦起龙：《史通通释》卷一二《古今正史》，第 365 页。

13. 比如，《资治通鉴》记斛斯椿奉高欢之命寻访元脩下落，向元脩所亲
近的王思政打探，王思政先说"须知何意"，斛斯椿回答"欲立为天
子"，王思政才带他去见藏匿于洛阳城西田舍间的元脩，这个细节不
见于《北史》。见到元脩之后，惊惶中的元脩与王思政之间有一段很
生动的对话，元脩问王思政："得无卖我邪？"王思政说："不也。"
显然暗示会有好事。元脩再问："敢保之乎？"王答曰："变态百端，
何可保也！"都是很有趣的问答，放到那个波谲云诡的历史情境下
更是意味深长。这些对话在《北史》里只有元脩初见时惊惧之下的
"非卖我耶"一句。见《资治通鉴》卷一五五"梁武帝中大通四年"
条，北京：中华书局，标点本，1956 年，第 4823 页。当然，也有
些独见于《北史》，而《通鉴》故意不予采用的，如《北史》记元脩
梦见人对自己说"汝当大贵，得二十五年"，以及嵩山道士潘弥
"望见洛阳城西有天子气，候之乃帝也"，见《北史》卷五，第 170 页。
这些大概都是元脩被拥立之后，甚至是在元脩与高欢交恶之后，由
元脩自己及他身边的人造出来的神话，自然为《通鉴》所不采。《北
史》这些记载的史源，理当也是魏澹《魏书》。

14.《魏书》卷一一《前废帝纪》，第 324 页。

15.《魏书》卷一○《孝庄帝纪》，第 303 页。

16.《魏书》卷一一《后废帝纪》，第 329 页。

17."一年三易换"语出前废帝（节闵帝）元恭被废后所写的小诗，"三
易换"指高欢同时废元恭、元朗而立元脩，见《魏书》卷一一《前
废帝纪》，第 328 页。该诗全文是："朱门久可患，紫极非情玩。颠
覆立可待，一年三易换。时运正如此，唯有修真观。"

18. 何德章：《北魏末帝位异动与东西魏的政治走向》，载武汉大学中国
三至九世纪研究所编《魏晋南北朝隋唐史资料》第十八辑，武汉大
学出版社，2001 年，第 51—62 页。

19."模唐虞以革轨仪，规周汉以新品制"语出李崇于孝明帝时所上论明

堂表，见《魏书》卷六六《李崇传》，第 1599 页。

20. 北魏后期史料中有两个朔州，一个指以盛乐为州治的朔州，一个指怀朔镇所改的朔州。在高欢崛起的时期，盛乐朔州已改名云州，朔州之名专属原怀朔镇。这里的朔州仍指原盛乐镇。

21. 《魏书》卷一一三《官氏志》，第 3237 页。

22. 《魏书》卷二《太祖纪》，第 22 页。

23. 《魏书》卷一○八之一《礼志一》，第 2986 页。

24. 拓跋珪称帝之前的天兴元年四月，"进（略阳公拓跋）遵封常山王，南安公元顺进封毗陵王"，同时"祠天于西郊"，见《魏书》卷二《太祖纪》，第 36 页。祀天与封王同时，显示这是一个重要的政治行动。以华夏传统来看，拓跋珪称王，臣下亦称王，伦次僭乱。但从内亚传统来看，拓跋珪是可汗，高高在上，其他人称王并没有改变已有的政治秩序。当然，两个传统间的冲突，终以半年多后拓跋珪的称帝获得调适。

25. 《魏书》卷一○八之一《礼志一》，第 2988 页。请注意，这里的标点并未悉依中华点校本，我自己作了一些调整。

26. 米文平：《鲜卑石室的发现与初步研究》，《文物》1981 年第 2 期，第 1—7 页。

27. 关于北魏平城时期的西郊祭天，特别是关于祭天方坛上所立木杆的性质与数量，请参看罗新《拓跋祭天方坛上的木杆》，收入本书。

28. 康乐：《从西郊到南郊——国家祭典与北魏政治》，台北：稻禾出版社，1995 年，第 167—168 页。

29. 罗新：《北魏直勤考》，《历史研究》2004 年第 5 期，收入罗新《中古北族名号研究》，北京大学出版社，2009 年，第 80—107 页。

30. 《魏书》卷一一三《官氏志》，第 3266 页。

31. 王恽：《中堂事记》卷中，载王恽《秋涧先生大全文集》卷八一，四部丛刊本。

32. 葛兆光：《想象异域：读李朝朝鲜汉文燕行文献札记》，北京：中华书局，2014 年，第 171 页。

33. 庾信：《庾子山集注》卷一三，倪璠注，许逸民校点，北京：中华书局，1980 年，第 812 页。

34. 《南齐书》卷五七《魏虏传》，中华书局，点校本，2019 年，第 1091 页。

35. 《南齐书》卷五七《魏虏传》，第 1097—1098 页。

36. 江上波夫：《ユウラシア古代北方文化：匈奴文化论考》，京都：全国书房，1948 年，第 225—279 页。

37. 《南齐书》卷五七《魏虏传》，第 1100 页。

38. 《南齐书》卷五七《魏虏传》，第 1092 页。

39. 《魏书》卷一〇八之一《礼志一》，第 2996—2999 页。

40. 护雅夫：《游牧骑马民族国家》，东京：讲谈社，1967 年，第 78—118 页。

41. 《周书》卷五〇《异域传下》，北京：中华书局，点校本，1971 年，第 909 页。

42. 丹尼斯·塞诺：《大汗的选立》，党宝海译，载《丹尼斯·塞诺内亚研究文选》，北京：中华书局，2006 年，第 167—188 页。

43. Peter A. Boodberg, *Selected Works of Peter A. Boodberg*, pp. 306-318.

44. 《旧唐书》卷一九五《回纥传》，北京：中华书局，点校本，1975 年，第 5212—5213 页。

45. 《辽史》卷四九《礼志一》，北京：中华书局，点校本，2016 年，第 930 页。

46. Karl A. Wittfogel and Fêng Chia-Shêng, *History of Chinese Society: Liao (907-1125)*, Philadelphia: American Philosophical Society, 1949, p. 274.

47. 关于绞勒新可汗的脖颈致其昏迷后说出在位年数，请参看罗新《耶律阿保机之死》，亦收入本书。

48. 校勘本《元朝秘史》卷八，乌兰校勘，北京：中华书局，2012 年，第 258 页。

49. Louis Ligeti, *Histoire secrète des Mongols*, Budapest: Akadémiai Kiadó, 1971, p. 171.

50. 阿尔达扎布：《新译集注〈蒙古秘史〉》，呼和浩特：内蒙古大学出版社，2005 年，第 386 页。

51. 札奇斯钦：《蒙古秘史新译并注释》，台北：联经出版事业公司，1979 年，第 291—293 页。

52. 'Ata-Malik Juvaini, *The History of the World-Conqueror,* translated from Persian by John Andrew Boyle, Vol. 1, Manchester: Manchester University Press, 1958, p. 39. 中译本，何高济译，翁独健校订，呼和浩特：内蒙古人民出版社，1981 年，第 40 页。

53. Frère Hayton, *La Flor des estoires de la Terre d'Orient,* in: *Recueil des historiens des croisades, Documents arméniens*, part 2, vol. 1, Paris: Imprimerie Nationale, 1906, pp. 111-363. Reprint: Farnborough (Hants): Gregg International Publishers, 1969.

54. Ron Sela, *Ritual and Authority in Central Asia: The Khan's Inauguration Ceremony*, Papers on Inner Asia No. 37, Bloomington: Sinor Research Institute for Inner Asian Studies (SRIFIAS), 2003, p. 29-30.

55. 虽然留存至今的海敦旅行记中没有立汗仪式方面的记载，但亚美尼亚王及其从行者的见闻的丰富程度，一定远远超出旅行记本身，国王的侄子亦从中受益良多。这个旅行记的英文本，请参看 *The Journey of Haithon, King of Little Armenia, to Mongolia and back, A.D. 1254-1255,* in: E. Bretschneider ed., *Mediaeval Researches, from Eastern Asiatic Sources, Fragments towards the Knowledge of the Geography and History of Central and Western Asia from the 13th to the 17th Century,* vol. I, New Delhi: Munshiram Manoharlal Publishers Pvt. Ltd., 2001, pp. 164-172. 这个旅行记的中文译本《海敦纪行》，请参看张星烺编注、朱杰勤校订《中西交通史料汇编》，第三册，北京：中华书局，1978 年，第 15—31 页。

56. John of Plano Carpini, *History of Mongols by John of Plano Carpini,* in: Christopher Dawson ed., *The Mongol Mission,* London and New York: Sheed and Ward, 1955, pp. 62-63. 中译本见吕浦译、周良霄注《出使蒙古记》，北京：中国社会科学出版社，1983 年，第 61—62 页。

57. 关于西蒙·圣宽庭所参加的这次道明会修士使团出使蒙古，最详细的研究出自 Gregory G. Guzman 在辛辛那提大学毕业时提交的博士论文 *Simon of Saint-Quentin and the Dominican Mission to the Mongols, 1245-1248,* University of Cincinnati, 1968. 该论文未曾出

版，但 Guzman 发表了多篇论文，都是从博士论文中节选的。

58. 最早注意到这一描述的是亚美尼亚裔瑞典蒙古史专家 Abraham Constantine Mouradgea d'Ohsson 男爵（1779—1851），他在《蒙古史——从成吉思汗到帖木耳》中特别提到这一描述与加宾尼等人的记录存有歧异。M. Le Baron C. d'Ohsson, *Histoire des Mongols depuis Tchinguis-Khan jusqu'à Timour Be ou Tamerlan*, Amsterdam: Frederik Muller, 1852, vol. II, pp. 200-201; vol. III, p. 79.

59. Bertold Spuler, *History of the Mongols, Based on Eastern and Western Accounts of the Thirteenth and Fourteenth Centuries*, translated from the German by Helga and Stuart Drummond, New York: Dorset Press, 1988, pp. 87-88. 此书没有说明这一材料出自西蒙修士的报告，而是混在加宾尼的《蒙古史》的各章节中，容易给人一个错误的印象，似乎这些记录出自加宾尼。造成这一混乱的原因，可能是在《历史之镜》中，二者本来就是夹杂在一起的。请参看 Gregory G. Guzman, *Simon of Saint-Quentin and the Dominican Mission to the Mongols, 1245-1248*, pp. 7-30。

60. Gregory G. Guzman, *Simon of Saint-Quentin and the Dominican Mission to the Mongols, 1245-1248*, p. 28 & p. 73.

61. 值得高兴的是，我们现在已经有了西蒙·圣宽庭《鞑靼史》的高质量汉译本，是张晓慧从让·里夏尔（Jean Richard）的法译本翻译过来的，发表于朱玉麒主编的《西域文史》第十一辑，科学出版社，2017 年，第 243—279 页。与本书所引相对应的译文在第四章《西蒙关于贵由登基的记述》。兹不避繁冗，转录张晓慧的译文于下，供有兴趣的朋友参照对读：

公元 1246 年，被人们称为歌革（Gog）——汗的贵由，被选举为鞑靼人的君主。所有的贵族都聚集起来，中间放置一把金椅，让可汗坐在上面，他们在他的面前放了一把剑，对他说："我们愿意、我们要求、我们命令你成为我们所有人的君主。"他对他们说："既然你们想要我成为你们的国王，那么你们每一个人是否已准备好做我命令你们的任何事，呼之即来，挥之即去，把我要求你们杀死的人置之死地？"所有人都回答："是的。"他说："既然如此，那么从此以后我的嘴就是我的剑。"所有人都同意了。在此之后，他们将一块崭新的毡子放在地上以便坐在上面，说道："抬头看神明，回首首坐毡。如果你把你的国家统治得很好，如果你慷慨大度、遵从正义、敬重王侯、依次而行，那么你将成为一个伟大的君主，所有人都会臣服于你的统治，神明会赐予你所想要的一切。但是你如果反其道而行，你就会如此悲惨、下贱、贫穷，以至于你连拥有坐毡的权力都没有。"言毕，他们让大汗的妻子坐在这块毡子上，让他们两个高坐其上，大声公开宣布他们成为鞑靼人的君主和皇后。之后他们为新君主带来大量的金钱宝石和窝阔台汗宝库里珍藏的所有东西，让他随意处置。他也投桃报李，在下令为他将珍藏的财宝保存起来的同时，分散给各个王侯。

62．Ron Sela, *Ritual and Authority in Central Asia: The Khan's Inauguration Ceremony*, pp. 31-32.

63．此书原名《地域之分割与岁月之推移》(*Tajziyat al-amṣār wa-tazjiyat al-a'ṣār*)，一般简称为《瓦萨夫史》。

64．关于瓦萨夫及其著作的简明介绍，请参看 Seyed Soheyla Dadgar Bolhasani and Dr. Jalil Tajlil, A Brief Introduction to the Book of Tarikh-i, Vassaf and Its Author, in: *Journal of Basic and Applied Scientific Research (JBASR)*, vol. 3, no. 4 (April 2013), pp. 963-967。

65．Ron Sela, *Ritual and Authority in Central Asia: The Khan's Inauguration Ceremony*, pp. 31-32, note 82.

66．Thomas T. Allsen, *Culture and Conquest in Mongol Eurasia*, Cambridge: Cambridge University Press, 2001, p. 38.

67．阿拜这一段话，我并没有找到原书对勘，全据贾合甫·米尔扎汗《哈萨克汗国的建立及其巩固》，《西域研究》1999 年第 1 期，第 70—80 页。

68．Johann Schiltberger, *The Bondage and Travels of Johann Schiltberger, a Native of Bavaria, in Europe, Asia, and Africa, 1396-1421*, Translated by J. Buchan Telfer, London: The Kakluyt Society, 1879, p. 48.

69．《汗之礼物》的作者是 Muhammad Vafā Karmīnagī (1685—1769)。

70．Ron Sela, *Ritual and Authority in Central Asia: The Khan's Inauguration Ceremony*, pp. 12-14.

71. Arminius Vámbéry, *Travels in Central Asia*, London: John Murray, Albemarle Street, 1864, p. 356. 需要说明，万贝里强调这一仪式仅仅实行于希瓦和浩罕，而不见于布哈拉，至少在他旅行的那个时代是准确的，因为布哈拉的埃米尔不是成吉思汗后裔，不能称汗，自然也就没有举毡立汗的仪式。

72. Leonardo Olschki, *The Myth of Felt*, Berkeley: University of California Press, 1949, p. 47.

73. Mary E. Burkett, An Early Date for the Origin of Felt, in: *Anatolian Studies*, Vol. 27 (1977), pp. 111-115.

74. Berthold Laufer, The Early History of Felt, in: *American Anthropologist*, New Series, Vol. 32, No. 1 (1930), pp. 1-18.

75. Sergei I. Rudenko, *Frozen Tombs of Siberia: The Pazyryk Burials of Iron-Age Horsemen*, translated by M. W. Thompson, Berkeley and Los Angeles: University of California Press, 1970, illus. 147, 148, 149, 154, 173.

76. Peter Alford Andews, *Felt Tents and Pavilions: The Nomadic Tradition and Its Interaction with Princely Tentage*, London: Melisende, 1999, two volumes.

77. Manabu Waida, Notes on Sacred Kingship in Central Asia, in: *Numen*, Vol. 23, Fasc. 3 (1976), pp. 179-190.

78. 《魏书》卷一六《道武七王列传》，第 454 页。

79. 《资治通鉴》卷一一五"晋安帝义熙五年"，中华书局，标点本，1956 年，第 3623 页，

80. 田余庆：《拓跋史探》(修订本)，北京：生活·读书·新知三联书店，2011 年，第 64 页。

81. Louis Ligeti, Le Tabghatch, un dialecte de la langue Sien-pi, in: Louis Ligeti ed., in: *Mongolian Studies*, Budapest: 1970, pp. 265-308. 亦邻真：《中国北方民族与蒙古族族源》，收入《亦邻真蒙古学文集》，呼和浩特：内蒙古人民出版社，2001 年，第 561 页注 2。

82. 《辽史》卷四九《礼志一》，第 930 页。

83. 拉施特：《史集》第二卷，余大钧、周建奇译，北京：商务印书馆，

1985 年，第 29 页。

84. 拉施特 :《史集》第二卷，第 217 页。

85. Rashiduddin Fazlullah, *Jami'u't-Tawarikh: Compendium of Chronicles*, English translation & annotation by Wheeler M. Thackston, Cambridge, MA: Harvard University Department of Near East Eastern Languages and Civilizations, 1998, part II, p. 312.

86. 《元史》卷二九《泰定帝本纪》，中华书局，点校本，1976 年，第 638—639 页。

87. 《北史》卷一五《魏诸宗室传》，第 565 页。

88. 《周书》卷五〇《异域传下》，第 909 页。

89. 丹尼斯 · 塞诺 :《大汗的选立》，载《丹尼斯 · 塞诺内亚研究文选》，第 167—188 页。

90. Douglas Morton Dunlop, *The History of the Jewish Khazars*, New York: Schocken Books, 1967, p. 97. 又请看 *Ibn Fadlān and the Land of Darkness: Arab Travellers in the Far North*, translated with an introduction by Paul Lunde and Caroline Stone, London: Penguin Books, 2012, pp. 156-157。

91. Richard Frye, *Ibn Fadlan's Journey to Russia: a Tenth-Century Traveller from Baghdad to the Volga River*, Princeton, NJ: Markus Wiener Publishers, 2005, p. 77. 又参见 *Ibn Fadlān and the Land of Darkness: Arab Travellers in the Far North*, p. 57.

92. Zeki Velidi Togan, *Memoirs: National Existence and Cultural Struggles of Turkistan and Other Muslim Eastern Turks*, translated by H. B. Paksoy, North Charleston, SC: CreateSpace, 2012, p. 18.

93. Maulana Mirhaj-Ud-Din, Abu-Umar-I-Usman (b. Serāj-al-Din Jowzjāni), *Ṭabaqāt-i Nāṣirī, A General History of the Muhammadan Dynasties of Asia, Including Hindustan, and the Irruption of the Infidel Mughals into Islam*, translated from the original Persian manuscripts by Major H. B. Raverty, London: Printed by Gilbert & Rivington, 1881, vol. 2, p. 954.

94. Denis Sinor, *Inner Asia: A Syllabus*, Bloomington: Indiana

University Research Center for the Language Sciences, 1971, pp.7-17.
又请参看丹尼斯·塞诺《论中央欧亚》,王小甫译,载《丹尼斯·塞诺内亚研究文选》,第1—24页。

95. 罗新:《中古北族名号研究》,北京大学出版社,2009年,"前言"第1—2页。

96. 关于新清史及其争议,请参看刘凤云、刘文鹏(编)《清朝的国家认同:新清史研究与争鸣》,北京:中国人民大学出版社,2010年。

97. 欧立德:《满文档案与新清史》,《故宫学术季刊》第24卷第2期(2006年冬),第15页。

拓跋祭天方坛上的木杆

平城时期北魏国家的常规祭祀，以西郊祭天最为崇重。祭天大典的细节仪程，见于南北史料者，只有《魏书》记道武帝天赐二年（405）祭天仪式，以及《南齐书》记齐使所见孝文帝太和十七年（493）的"蹋坛""绕天"仪式。两者一在北魏国家制度草创之初，一在迁都改制尽弃旧俗前夕。两者之不同，既可能反映空间差异，即记录者因身处南北对大典环节各有不同了解，又可能反映时间差异，即九十年间祭礼细节随人事代谢与形势推移或多或少地发生变迁。西郊祭天礼制的延续与改变，对于北魏王朝的历史意义，前贤论之详矣。[1]本文关注此祭天大典中南北史料都提到的一个因素，即祭坛上所树

的木杆，探讨其属性、功能与来历，以明内亚诸人群文
化传统之相关与连续。

一、《魏书·礼志》所记西郊祭天之仪

孝文帝太和十八年（494）以前，北魏最重要的国
家祭祀是每年四月的西郊祭天。不过，这么重要的祭祀
事件，见于《魏书》帝纪者只有五次：一，神元帝力微
三十九年（258）迁都于定襄之盛乐，"夏四月，祭天，
诸部君长皆来助祭"。[2] 二，道武帝登国六年（391）"夏
四月，祠天"。[3] 三，道武帝天兴元年（398）四月"帝
祠天于西郊，麾帜有加焉"。[4] 四，道武帝天赐二年"夏
四月，车驾有事于西郊，车旗尽黑"[5]。五，孝文帝太和
十年（486）四月"甲子，帝初以法服御辇，祀于西郊"。[6]
太和十年的四月甲子是四月四日（486 年 5 月 22 日）。
仅孝文帝太和十年的四月祭天标出了具体日期，前四条
都只说是四月。不过，正如下面还要举证说明的，四月
祭天的日子并非任意选择，而是固定不变的，都在四月
四日。

太和十年的祭天大典，还见于《魏书·高允传》："其年四月有事西郊，诏以御马车迎允就郊所板殿观瞩，马忽惊奔，车覆，伤眉三处。"[7] 板殿很可能是指大型帐篷，下面还要提到。另外，孝文帝时西郊大典之地还有乐阳殿。《魏书·阉官·抱嶷传》记抱嶷为泾州刺史（在太和十五年至十七年之间，491—493 年），"将之州，高祖饯于西郊乐阳殿，以御白羽扇赐之"。[8] 另外，《魏书·尉元传》记他正坐镇新征服的徐兖之地时，于献文帝皇兴四年（470）受诏，专程回平城参加祭天大典："诏征元还京，赴西郊，寻还所镇。"[9]

对祭天仪程较为细致的记录，见于《魏书·礼志》。[10] 为便于分析，谨迻录其文如下：

（道武帝）天赐二年夏四月，复祀天于西郊，为方坛一，置木主七于上。东为二陛，无等。周垣四门，门各依其方色为名。牲用白犊、黄驹、白羊各一。祭之日，帝御大驾，百官及宾国诸部大人毕从。至郊所，帝立青门内，近南坛西。内朝臣皆位于帝北，外朝臣及大人咸位于青门之外。后率六宫从黑门入，列于青门内，近北。并西面。廪牺令掌牲，陈于坛前。
女巫执鼓，立于陛之东，西面。选帝之十族子弟七人
执酒，在巫南，西面北上。女巫升坛，摇鼓。帝拜，
后肃拜，百官内外尽拜。祀讫，复拜。拜讫，乃杀
牲。执酒七人西向，以酒洒天神主。复拜，如此者
七。礼毕而返。自是之后，岁一祭。

　　西郊祭天的中心场所是一个方坛，坛上树立七根木
杆（木主）。方坛只在东边设置了登坛的两个台阶，台阶
"无等"，就是只有一级，不是多级阶梯，说明方坛不高。
四堵墙把方坛及坛前空地围起来，形成一个封闭式庭院。
四墙各开一门，"各以其方色为名"，东门称为青门，北
门称为黑门，那么南门和西门应该分别叫赤门和白门。
祭祀用的牺牲是一头白牛犊、一匹黄马驹和一只白羊。
天兴元年道武帝称帝建都时，"定行次，正服色，……于
是始从土德，数用五，服尚黄，牺牲用白"。[11] 牛羊白色，
符合"牺牲用白"，但为什么马驹用黄色呢？这个还难以
理解。另外，虽然史书没有明言，但这些马牛羊是否有
性别要求？从本文随后要举证的契丹祭祀牺牲都用雄性

来看，拓跋时代很可能也是要求使用雄性动物。

到了祭天之日（四月四日），皇帝乘大驾前往平城西郊的祭天场所。按魏初制度，皇帝舆车分为三驾：大驾、法驾与小驾。三驾的区别不在车舆本身。《南齐书·魏虏传》说北魏有大、小辇，名分大小，但都是四轮大车，车上有五层楼，以人力牵引，牵引者多达二三百人，为防车楼倾倒，四面都用绳索牵曳。[12] 三驾的区别在仪仗规模所显示出的等级。大驾仪仗卤簿最为隆重："设五辂，建太常，属车八十一乘；平城令、代尹、司隶校尉、丞相奉引，太尉陪乘，太仆御从；轻车介士，千乘万骑，鱼丽雁行。"[13] 就在天赐二年这次祭天之前，北魏的大驾制度略有改动，鱼丽雁行改为方阵卤簿，改变了八十一辆属车的排列方式。同时，也改变了车辆之外的步兵和骑兵的排列方式："列步骑，内外为四重。"步兵和骑兵的组合形成四层护卫，犹如四层可移动的城垣，拱卫着最中心的皇帝。四层城垣当然是内重外轻，自内而外分别是具装甲骑（重装骑兵）、旗幢骑兵、长稍步兵和刀盾步兵。官贵随从者总称"导从"，在前为导，在后为从。导从贵人的车乘按爵位等级分列在这四层护卫之内。

　　爵分四等，是天赐元年官爵制度改革的重要内容。据《魏书·官氏志》，改革之后王爵 10 人，公爵 22 人，侯爵 79 人，子爵 103 人，合计 214 人。[14] 天赐二年四月祭天大典时，这 214 人的车乘就分列在四层护卫之间：最高等级的诸王最靠近皇帝，在重装骑兵队列之内；公爵在重装骑兵之外，旗帜飘扬的幢骑之内；侯爵在幢骑之外，银光闪烁的长稍步兵之内；最低等级的子爵车乘在最外层，他们外侧的护卫队列是刀盾步兵。按照天赐元年的新制度，四等爵同时涵盖了官品九品中的上四等，无爵的朝官共有五品。先爵后官，反映了胡鸿论证过的北魏早期的"爵本位"特征。[15]《魏书·礼志》称"五品朝臣使列乘舆前两厢，官卑者先引"，即指四等爵之外的所有朝官。行进方向的刀盾步兵队列之外，五至九品的朝臣乘车导行。他们腾出中间大道，分在道路两侧前行，排列次序是官位低者在前（即"官卑者先引"），同样是等级越高越靠近皇帝。所有车辆的车旒麾盖、旗帜和官员服装，"一皆纯黑"，故本纪云"车旗尽黑"。

　　大驾仅用于军戎与大祀，而平城时期的常规祭祀，皇帝亲行的并不多，其中称得上大祀的可能只有西郊祭

天。所以平城百姓见识大驾卤簿的机会并不多，当然真
到了动用大驾之时，普通百姓也不可能被允许在路边看
热闹，即使看也是隔着千军万马。从平城皇宫到西郊祭
坛，即便洒水湿路，千乘万骑之上，也必定黄尘飞扬。
黄尘掩映着黑云般的步骑车乘，即所谓大驾卤簿。天赐
二年四月四日（405 年 5 月 18 日），道武帝的祭天大军，
就是这样出平城西门（可能在天亮前），迤逦西行（可想
而知行进非常之慢），抵达我们至今仍不知其所在的祭天
方坛场所。由前引史料知孝文帝时西郊有板殿与乐阳殿，
可能魏初仅有帐篷（板殿），以供祭祀准备及帝后休息。

　　张帆用"圈层结构"描述蒙古政治体的政治与社会
结构。[16] 我认为这是一个很有潜力的概念，可能绝大多数
内亚游牧政权都适合用这个概念加以描述和分析。圈层
结构的关键是内外有别，所谓内外不是绝对的二元结构，
而是相对的、多层的和流动的复合结构，内中有内外，
外中亦有内外。拓跋集团的成长史，就是一部构造圈层
越来越复杂、越来越庞大的历史。立体的内外圈层更像
是一个球体，以拓跋皇室为球心，以"帝之十族"为内
核 [17]，构成拓跋集团的"最内圈"，但在这个最内圈里，

皇室是内，拓跋之外的九族是外。当这个核心球体越来越大，如滚雪球一般，加入越早的就越属于靠内的圈层。早期附从和后来经结盟或征服而加入的，依其加入时间的早晚或其重要性的重轻，次序井然地就位于各相应圈层。决定性的因素是加入的时间，其他因素如语言亲疏、宗教信仰、族群认同和文化面貌等等，都没有那么重要。必须说明的是，一方面，内圈和外圈各自都有极为复杂且不断变化的分层，另一方面，不仅外圈向外无限开放（因此游牧部落可以发展为游牧帝国和征服王朝），而且内圈也绝非一个封闭结构，其边界也是相对开放的（因此游牧帝国和征服王朝才可能向定居社会的官僚制国家过渡）。

拓跋历史也时时处处表现出自己的内外圈层，西郊祭天大典的制度安排就是其内外圈层结构的形式化呈现。

天赐二年四月四日，跟着道武帝参与祭天大典的，是所谓"百官及宾国诸部大人"。百官指北魏的官贵，"宾国诸部大人"的范围则不太明确，大致上是那些表示服从却相当独立的部族领袖。前引《魏书·序纪》记神元帝力微三十九年，迁都于定襄之盛乐，说明拓跋部在摆脱纥豆陵部的控制后，迅速发展成阴山地带的最大势力，因而四月祭天大典时，"诸部君长皆来助祭，唯白部大人观望不至，于是征而戮之，远近肃然，莫不震慑"。"助祭"是一个华夏概念，但借来描述大型游牧政治体的外圈，似乎也是有一定效力的。游牧政治体的核心，是以部族之名而急剧扩张的政治集团（如拓跋部），其边缘外层，则是保持了一定独立性的部族（如"诸部君长"），他们承认核心集团的统治地位，但在该政治体内的权利与义务都是有限度的，很大程度上甚至仅仅是象征性的。不过，当白部连西郊祭天这样具有强烈象征性的活动都不肯参与时，就可能面对极为严重的后果。天赐二年跟随道武帝到平城西郊祭天的"宾国诸部大人"，和一个半世纪前当神元帝力微在盛乐祭天时前来"助祭"的诸部大人一样，都属于这种游牧政权圈层结构中的最外层。

《魏书·礼志》接下来描述祭典本身的典礼程序。道武帝从东边的青门进，然后左转，来到祭坛以东靠南墙的位置，向西面对祭坛而立（《魏书》"近南坛西"后应脱"面"字）。道武帝与所谓内朝官从青门入，六宫女性则不能走青门。《魏书》说"皇后率六宫从黑门入"，就是绕到北边，从黑门进入。她们进黑门后并不停留在方坛北侧，而是左转来到皇帝所在的方坛东侧，只是皇帝等男性在南，六宫女性在北。所有人都向西站立。

　　只有内朝臣可以跟随皇帝进入青门，外朝臣和"宾国诸部大人"都只能留在青门之外。在青门之外的，与进入青门的，隔着一堵墙垣，墙垣的高度大概足以遮挡视线。也就是说，留在青门之外的实际上看不到祭典的具体内容。魏初朝臣如何分内外，学者多有讨论。[18]近二十多年来，以文成帝南巡碑碑阴题名为依据的研究，似乎大大推进并深化了这一论题。[19]不过不能忘记《魏书》这里把朝臣分为内外可能只是比附汉制，未必忠实反映魏初的制度实际。黄桢已经指出这一点，并放弃内外二分法，把文成帝南巡碑碑阴题名所见的北魏职官区分为侍臣、内职与外臣三个类别。[20]这一取径对于思考北魏前期制度非常重要。当然，北魏平城时期长达百年，文化与制度的变革与时俱进，文成帝时期的制度并不足以涵盖道武帝时期，只是两者间总有某种较强的连续性和继承性。这里不讨论内外朝官问题，但很愿意提出一个设想，那就是把前面说到的拓跋内外圈层结构，与道武帝祭天大典上立于青门内外的差异联系起来，青门墙垣是不是一道物质化的圈层界限呢？

　　祭典开始前，负责牺牲动物的掌牺令把祭祀要用的动物（一头白牛犊、一匹黄马驹和一只白羊）牵到方坛前（应该也是在东侧）拴好。这时女巫登场，她手执巫鼓，站在方坛东侧的台阶前，面向方坛。她南侧排列着七个少年，人人捧着盛酒器（很可能是北人习用的皮囊），也都向着方坛而立。这七个少年是从所谓"帝之十族"同龄人中选出来的，七这个数字和举毡立汗时的七人数字相同，一定深植于拓跋乃至更大范围的内亚传统。既然祭天执酒的七个少年必须来自"帝之十族"，那么可想而知，传统举毡立汗的七人，也应来自这个范围，因为他们才是拓跋政治体的内核。

　　女巫登坛，标志祭典开始。她走台阶上方坛，在坛上摇动手中的鼓，必定还要以吟唱某种固定的歌词（这个环节虽不见于《魏书》，但根据一般的萨满仪式知识，以及后面要引据的清代史料，可以肯定是必不可少的）。然后是皇帝下拜，皇后跟着"肃拜"。这里肃拜是比附华夏古典的所谓女性正拜，也许意在强调男女下拜的动作是有不同的。皇帝与皇后拜后，"内外百官尽拜"，内外可能指青门墙垣之内外。墙内墙外的行礼下拜，大概都是听典礼官员口唱指挥。这样的下拜还有好几个回合（我猜测一共是七轮），都由女巫摇鼓吟唱和众人依次下拜为主要内容。这几个（七个）回合结束，进入杀牲献祭阶段。《魏书》没有说是由女巫亲自动手还是由掌牲令动手宰杀拴在坛前的三个动物，也没有说之后如何处理动物的牲体。大概在处理牲体之后，排列坛前、手捧酒器的七个少年向西朝着方坛，把手中酒器所盛的酒洒向"天神主"。这里的"天神主"应该就是前面说的坛上所立的七根"木主"。洒酒之后，"复拜，如此者七"，即重复杀牲之前的女巫摇鼓吟唱和众人依次下拜，重复七轮，才算典礼结束，于是"礼毕而返"。

　　天赐二年这次祭天大典为北魏国家大祭确立了规则与仪程，《魏书·礼志》说"自是之后，岁一祭"，但这并不意味着此后的祭天都遵循完全一样的制度，祭典仪程的许多细节都会发生变动。

二、《南齐书》所记北魏西郊祭天礼制

萧齐永明十年（太和十六年，492），齐武帝派人出使北魏，正使是萧琛，副使是范云。他们回建康后报告北行见闻，其中提到受北魏孝文帝邀请观礼西郊祭天，这一部分进入后来萧子显所撰的《南齐书·魏虏传》：

> 十年，上遣司徒参军萧琛、范云北使。宏西郊，即前祠天坛处也。宏与伪公卿从二十余骑戎服绕坛，宏一周，公卿七匝，谓之蹋坛。明日，复戎服登坛祠天，宏又绕三匝，公卿七匝，谓之绕天。以绳相交络，纽木枝枨，覆以青缯，形制平圆，下容百人坐，谓之为伞，一云百子帐也。于此下宴息。次祠庙及布政明堂，皆引朝廷使人观视。[21]

萧琛、范云这次北使，是对前一年（永明九年，太和十五年，491）十一月北魏李彪、蒋少游来使的回报。萧琛出使亦见于《梁书》萧琛的本传："永明九年，魏始通好，琛再衔命至桑乾。"[22]传称萧琛"再衔命至桑乾"，

可是他前一次北使不见记载，我怀疑在永明九年的九月。《魏书·高祖纪》记太和十五年九月辛巳（491年11月9日）"萧赜遣使朝贡"。[23] 而这次萧齐来使，应该是对同年四月北魏派李彪和公孙阿六头使齐的回报。《魏书·高祖纪》太和十五年四月甲戌（491年5月6日）"诏员外散骑常侍李彪、尚书郎公孙阿六头使于萧赜"，因而有九月萧齐之报使。这应该是萧琛第一次前往平城。

永明十年出使之前，萧琛和范云都在竟陵王萧子良司徒府任参军（略有疑问的是，据《梁书》的《范云传》和《萧琛传》，二人担任的都是记室参军）。《魏书·高祖纪》太和十六年记"萧赜遣使朝贡"在三月辛巳（492年5月7日），这个日期可能是萧、范二人抵达平城的时间，也可能是他们正式见到孝文帝的时间。而在八天前（三月癸酉，4月29日）孝文帝刚刚下诏"省西郊郊天杂事"[24]，即减省了祭天的某些仪程，不过西郊祭天并没有废除。萧、范二人三月下旬到平城，恰好在四月四日（5月16日）的祭天大典之前。据《魏书·高祖纪》，三月到平城的还有高丽、邓至使臣。自北魏的制度传统而言，包括萧齐在内的这些外国来使都是"宾附之国"的代表，理应参与祭典。前引《南齐书·魏虏传》说北魏孝文帝的重大典礼"皆引朝廷使人观视",似乎萧齐使人受到了特别礼遇,其实不过是内亚古老的"助祭"传统,自神元帝力微以来即是如此。

萧琛、范云虽然是隔着青门墙垣参与西郊祭天,见不到祭典的核心内容,但他们的报告仍很有价值,多为《魏书》所不载。首先,他们看到祭典前一天就有皇帝亲自参与的"蹋坛"活动。"宏与伪公卿从二十余骑戎服绕坛,宏一周,公卿七匝,谓之蹋坛。"孝文帝与公卿众人绕坛骑行,可能发生在方坛四垣之外,因为垣内空间有限,众骑施展不开,且制度上大概也不允许任何人骑马进入青门、黑门等四门。正是因为蹋坛在墙外,萧琛等才能见到。然而他们对墙内的典礼几乎一无所知,可能无从了解。也因此,他们的报告一言不及大祭的具体仪程,只说"明日,复戎服登坛祠天"。蹋坛之时,孝文帝自己绕坛骑行一圈,其他人绕骑七圈。大祭之日,"宏又绕三匝,公卿七匝,谓之绕天"。绕天与蹋坛的区别是孝文帝自己多绕两圈。问题在于,绕天之仪,是在前引《魏书·礼志》所述的祭天典礼之后呢,还是之前?也就是说，是在孝文帝一行进入青门之前呢，还是从青门退出来之后？从《南齐书》前引文叙事次序看，绕天似在结束坛前典礼、从青门退出来之后。萧琛等人见证了祭天大典的开始和结束，恰恰可以补充《魏书·礼志》。他们的报告中还有很特别的一点，就是注意到孝文帝等以军戎盛装（戎服）参与祭天。戎服祭天，应该是拓跋的古老传统，但《魏书》并未提到。

　　受邀"助祭"的萧琛、范云在抵达西郊祭天场所后，还体验了专供参与祭天人员休息的一种特殊建筑："以绳相交络，纽木枝枨，覆以青缯，形制平圆，下容百人坐，谓之为伞，一云百子帐也。于此下宴息。"周一良先生指出，百子帐即毡帐[25]，中古史书又称为毡屋、毡庐、穹庐，方便移动，为内亚游牧人之传统居室。我怀疑《魏书》里的"板殿"，就是指这种百子帐。《魏书》两次提及板殿，一在西郊祭天处，见前引《魏书·高允传》；一在平城西宫，见《魏书·太宗纪》，永兴四年八月庚戌（412年10月3日）明元帝完成秋猎北巡，归还平城，两天后"幸西宫，临板殿，大飨群臣将吏，以田猎所获赐之，命民大酺三日"。[26]很显然，板殿不是殿名，而是一种建筑类型。板殿之以板为名，即因"纽木枝枨"，强调其有异于版筑土墙的建筑特征。板殿之得名殿，因皇帝所用，即便是普通毡房，也可鸡犬升天称宫称殿。

前引《南齐书·魏虏传》云"宏西郊，即前祠天坛处也"，谓孝文帝让萧琛、范云参与祭天之地，就是同书同传先前所提到的"祠天坛"所在之地。有关"祠天坛"的文字，见于《魏虏传》开篇总述拓跋种姓源流与文化特征的部分：

（平）城西有祠天坛，立四十九木人，长丈许，白帻、练裙、马尾被，立坛上，常以四月四日杀牛马祭祀，盛陈卤簿，边坛奔驰奏伎为乐。城西三里，刻石写五经及其国记，于邺取石虎文石屋基六十枚，皆长丈余，以充用。[27]

这段文字明确说祭天日期固定在四月四日，为今存史料所仅见者，然而却是正确无误的，可见其珍贵难得。同样不见于他处的，是对祭坛上所立的木杆（木人）有非常细致的描述，包括长度（长丈许）和装饰（白帻、练裙、马尾被）。一丈多高的木杆，顶上覆盖着白布（如同头巾），下半截包裹白色绢布（如同裙子），中间悬挂拼接连缀在一起的多条马尾。"盛陈卤簿"说的是祭天时皇帝的大驾仪仗。而"边坛奔驰奏伎为乐"，则既包含了前面分析过的蹋坛和绕天，又有别处都不曾提及的"奏伎为乐"。伎乐当然应该是祭天大典的一部分，这里把它与蹋坛绕天放在一起说，显示是南来使人的目击见证，因为他们仅仅见到仪式的这一部分，青门之内的仪程是他们见不到的。

与前引《魏书·礼志》明显不同的是，《南齐书》称祭天方坛上的木人（即木杆）数量不是七根，而是四十九根。方坛上木杆数量的变化，其实《魏书·礼志》也提到了："显祖以西郊旧事，岁增木主七，易世则更兆，其事无益于神明。初革前仪，定置主七，立碑于郊所"。[28]时在孝文帝延兴二年（472）六月。据此，历代皇帝在位时，每年祭天大典都会在方坛上增加七根木杆，换了皇帝则从七根重新开始。献文帝的变革就是不再每年增加，长期保持七根木杆的数量。

《南齐书·魏虏传》这一部分材料，来源混杂，所记并不是同一时间、同一地点之事。比如记"城西三里，刻石写五经及其国记，于邺取石虎文石屋基六十枚，皆长丈余，以充用"，其中"国记"显然指崔浩主持编修的北魏国史。《魏书·崔浩传》："著作令史太原闵湛、赵郡郗标素谄事浩，乃请立石铭，刊载《国书》，并勒所注五经。浩赞成之。恭宗善焉，遂营于天郊东三里，方百三十步，用功三百万乃讫。"[29]据《南齐书·魏虏传》，碑石版北魏国史立在城西三里处。据《魏书·崔浩传》，立碑石的地方在"天郊东三里"。由此可知，平城西郊祭天方坛在平城西六里处。碑石版北魏国史已在崔浩案后被毁，南来使人见此，必在太武帝后期、崔浩案发的太武帝太平真君十一年（450）五月之前。

祀天方坛上有四十九木人，说明皇帝在位已七年。我怀疑这条材料出自刘宋使者的观察或听闻，其事极可能就在延兴二年。这一年四月，是献文帝即位后第七次祭天。而在这年正月，"诏假员外郎、散骑常侍邢祐使于刘彧"。《魏书》记此年四月"辛亥，刘彧遣使朝贡"。[30]这是宋人对正月魏使的报使，时间正在四月祭天之后，因而他们可以看见或听说祭坛上有四十九根木杆。献文

帝为什么要改变"岁增木主七"的旧规呢？前一年八月
他已禅位给孝文帝，自己做了太上皇帝。那么这到底算
不算"易世"呢？毫无疑问这是一个很大的问题。延兴
二年四月的祭天，是献文帝做皇帝后的第七次，同时又
是自己禅位后的第一次。他一定还在这次祭天大典进行
时，就已察觉到了这一理论、实践以及政治上的尴尬。
于是两个月后他做出决定，"初革前仪，定置主七"，规
定方坛上只允许立七根木杆，不再逐年递增。决定之后，
献文帝还下令"立碑于郊所"，显然是要给自己找一个圆
场，以应付来自方方面面（特别是冯太后）的质疑。

三、祭天方坛上木杆的性质

前面根据南北史料所记北魏西郊祭天仪式，立在方
坛上的木杆被称为"木主"、"木人"或"天神主"。"主"
这个词又是借自华夏祭祀礼制，在华夏传统中代表祭祀
的对象[31]，在这里似乎就是指天神了。当然，正如接下
来我们要分析的，这一理解是错误的，表明按照史书中
被借用的华夏概念来理解内亚传统，可能会造成很大的

误导。

首先，被宰杀的马牛羊如何处置呢？也就是说，牲体如何敬奉给天神呢？史料完全没有交代。《魏书·礼志》记道武帝天兴二年正月"亲祀上帝于南郊"，从阳则焚燎，从阴则瘗埋，属于模仿华夏传统。天赐改革的一大特征是重回拓跋传统，西郊祭天的隆重举行就是一大标志。那么，在遵循拓跋传统所举行的祭天大典上，如何处置牲体呢？

《魏书·礼志》记太武帝遣使到乌洛侯国西北的所谓拓跋祖先的石室致祭：

> 魏先之居幽都也，凿石为祖宗之庙于乌洛侯国西北。……真君中，乌洛侯国遣使朝献，云石庙如故，民常祈请，有神验焉。其岁，遣中书侍郎李敞诣石室，告祭天地，以皇祖先妣配。……敞等既祭，斩桦木立之，以置牲体而还。后所立桦木生长成林，其民益神奉之，咸谓魏国感灵祇之应也。石室南距代京可四千余里。[32]

　　1980年夏，文物工作者在内蒙古呼伦贝尔盟（今呼伦贝尔）鄂伦春自治旗阿里河镇西北10公里的天然山洞嘎仙洞石壁上，发现了太武帝所派使者在这里祝祭后所刻的祝文，文字与《魏书》所载基本一致，仅略有出入。可见这个嘎仙洞即《魏书》所称的鲜卑石室。[33]上引文字中对本文主题最重要的地方是对李敞（其实李敞只是副使，主使是代人库六官）等人祭祀细节的记录："敞等既祭，斩桦木立之，以置牲体而还。"他们砍了一些桦树，插在地上，然而把牲体挂在桦树上。选择桦树也许是随机的，因为那一带只有桦树。但所立桦树的数量一定不是随意的和随机的，只可惜我们无从知道李敞他们砍了多少桦树，从"后所立桦木生长成林"看，是不太少的。

　　在嘎仙洞的祝祭仪式上，李敞等人把宰杀的动物分割之后，悬挂在所立的桦树上。可见他们砍桦树并插在祭祀场所的目的，换句话说，祭祀时所立木杆的功能，就是悬挂牲体，敬奉给祭祀对象。悬挂牲体是祭祀最重要的环节之一。史料没有进一步说明的是，这些悬挂在木杆上的牲体，在祭祀仪式结束之后如何处理呢？可以设想，用于敬奉给祭祀对象的牲体，最后是由参与祭祀

的人所分食的。甚至可以说，分食祭肉本身，也是祭祀
仪程的一部分。

　　由此可知，西郊祭天方坛上的木杆，虽然史书中比
附华夏传统而称之为木主、木人或天神主，其真实功能
并非代表天神，也就是说，它们不是或不代表祭祀的对
象，而只是用来悬挂祭祀中被宰杀的马牛羊肉。在重要
的露天祭祀中把牲体悬挂在木杆上，这种祭祀实践普遍
存在于内亚各时期的各语言各人群之中。下面所举数例，
当然不是史料中相关事例的全部，要之足以说明这一内
亚实践在时间和空间意义上的普遍与广泛。

　　《史记》《汉书》提到匈奴的蹛林，研究者据此探索
匈奴的祭祀。[34] 不过因史文过于简略，深入研究的空间很
有限，是否与本文关注的木杆相关，似乎很不明确。因
此，我们把视线转向晚于拓跋的内亚人群。《周书·突厥
传》记突厥葬礼，提到宰杀动物的处理方式：

　　　　死者，停尸于帐，子孙及诸亲属男女，各杀羊马，
　　陈于帐前，祭之。绕帐走马七匝，一诣帐门，以刀
　　剺面，且哭，血泪俱流，如此者七度，乃止。……

> 葬之日，亲属设祭，及走马劙面，如初死之仪。葬
> 讫，于墓所立石建标。其石多少，依平生所杀人数。
> 又以祭之羊马头，尽悬挂于标上。是日也，男女咸
> 盛服饰，会于葬所。[35]

初死之时，"各杀羊马，陈于帐前，祭之"，也就是
要杀羊马在帐前致祭。史书没有提这些羊马牲体如何处
理，我猜想绝大部分牲体要吃掉。帐前同样要"立标"，
即竖立木杆，以悬挂牲体的全部或部分。墓前所立之石，
即所谓杀人石，很多学者认为鄂尔浑突厥文碑铭所提到
的 balbal 就是指这种墓前立石，象征被死者杀掉的那些
人。墓前所建之标，显然指竖立的木杆，其功能是悬挂
为祭死者所杀的羊马的头颅，意味着羊马身体的其余部
位已在葬礼上吃掉了。

《辽史·礼志》记契丹"祭山仪"，其祭祀仪程颇有
可与拓跋祭天仪程相比类者。兹节引如次：

> 设天神、地祇位于木叶山，东乡；中立君树，前
> 植群树，以像朝班；又偶植二树，以为神门。皇帝、

皇后至，夷离毕具礼仪。牲用赭白马、玄牛、赤白羊，皆牡。仆臣曰旗鼓拽剌，杀牲，体割，悬之君树。太巫以酒酹牲。

……皇帝、皇后升坛，御龙文方茵坐。再声警，诣祭东所，群臣、命妇从，班列如初。巫衣白衣，惕隐以素巾拜而冠之。巫三致辞。每致辞，皇帝、皇后一拜，在位者皆一拜。皇帝、皇后各举酒二爵，肉二器，再奠。

……皇帝、皇后六拜，在位者皆六拜。皇帝、皇后复位，坐。命中丞奉茶果、饼饵各二器，奠于天神、地祇位。执事郎君二十人持福酒、胙肉，诣皇帝、皇后前。太巫奠酹讫，皇帝、皇后再拜，在位者皆再拜。皇帝、皇后一拜，饮福，受胙，复位，坐。在位者以次饮。皇帝、皇后率群臣复班位，再拜。声跸，一拜。退。[36]

契丹祭山仪与拓跋祭天仪当然不可能是完全一致的，但有关祭祀仪式的描述，某些差异可以视为史书各有详略所造成的，因此在某种意义上可以互相补充，或至少彼此映照。比如，牺牲马牛羊"皆牡"，这是过去的史料中所没有提到的，但是，以雄性动物为祭祀牺牲，在内亚世界很可能是普遍做法。又如"巫衣白衣"，亦不见于北朝史书，这条材料提醒我们，平城西郊祭天的女巫所穿的衣服颜色，必定是有特别讲究的。"巫三致辞"也可以补充拓跋祭天之仪，因为典礼上的巫人（萨满）应该是有说有唱，且歌词用语都相对固定。还有，典礼结束前"执事郎君二十人持福酒、胙肉，诣皇帝、皇后前"，就是把酒具中所剩的酒（福酒），以及牺牲动物的肉（胙肉），呈送皇帝和皇后，让他们"饮福、受胙"。这个分食牺牲的环节也可以补充拓跋祭天之仪。可以想象，天赐二年四月西郊祭天的末尾，那七个选自"帝之十族"的少年（类似契丹的"执事郎君二十人"），会把酒肉送到皇帝、皇后面前，作为规定动作，后者必须现场吃喝一番。还可以设想，在皇帝、皇后品尝之后，同一批酒肉也会轮到旁边的一众陪侍贵人。

但对本文论旨而言，前引契丹祭山仪文本中，最重要的是记录了祭祀仪式中，切割开来的牺牲动物同样要悬挂在插立于地的木杆（君树）之上："杀牲，体割，悬之君树，太巫以酒酹牲。"前引《魏书·礼志》所省略的，是"体割，悬之君树"这两个环节，所不同的，是"以酒酹牲"者为执酒七子弟。《辽史·礼志》随后记辽太宗和辽兴宗改动祭山仪某些细节，称"神主树木，悬牲告办，班位奠祝，致嘏饮福，往往暗合于礼"。[37]悬牲于神主树木，描述的是同样的场景。

《蒙古秘史》第 43 节提到蒙古人一种非常重要的传统家族祭祀，其明代总译是这样的：

> 孛端察儿又自娶了个妻，生了个儿子，名把林失亦剌秃合必赤。那合必赤的母从嫁来的妇人，孛端察儿做了妾，生了个儿子，名沼兀列歹。孛端察儿在时，将他做儿，祭祀时同祭祀有来。[38]

总译最后一句的"祭祀"，对应的蒙古语词是"主格黎"（jügeli），旁译"以竿悬肉祭天"。罗依果（Igor de Rachewiltz）对这一句的英译特别纳入了明代旁译，再译成中文就是："一开始，沼兀列歹（Je'üredei）是可以参加 jügeli 祭祀的，这种 jügeli 祭祀就是把肉悬挂在木杆上供奉给上天。"[39] 罗依果对这个"主格黎"进行了详细的注释，几乎囊括了学界所有重要的研究。[40] 从罗依果所列举的学界研究中，可以看到一种倾向，就是认为《秘史》此处所说的祭祀并不是祭天，而是祭祖。他们的理由是，《秘史》在这里说沼兀列歹本可以参加"主格黎"的仪式，说明孛端察儿在世时是承认他为自己儿子的，因而他在宗法血缘的意义上具备了某种资格。孛端察儿死后，沼兀列歹被排除在"主格黎"仪式之外，意味着他不再被承认为孛端察儿之子了，也就是被剥夺了宗法血缘的资格。研究者认为，既然能否参加祭祀，完全取决于血缘资格，那么祭祀对象就不会是天，而是祖先。

我不赞成这种很大程度上基于定居社会历史经验的理解。在草原游牧社会的祭祀活动中，祭天也是宗族事务，并不是开放性社会活动。"主格黎"这种类型的祭祀，对参与者有严格的资格要求，只有某一社会范围的人员可以参加。元初王恽《中堂事记》记中统二年四月八日己亥（1261 年 5 月 8 日）："天日极晴朗。上祀天于旧桓州西北郊，皇族之外，皆不得预礼也。"[41] 王恽写得很清楚，忽必烈参加的是"祀天"大典，不是所谓祭祖，然而参与者仍然是以皇族血亲为限，皇族之外的人员是不能参加的。很显然这就是一个高规格的"主格黎"。可以想见，在忽必烈参加的"主格黎"祀天大典上，也必定有把动物牺牲悬挂在木杆上的仪式。因外人不得预礼，祭典细节便无人知晓、不见记录。

祭祀时悬在木杆上的肉最后怎么处理呢？《蒙古秘史》第70节讲述诃额仑夫人一家被排挤在烧饭祭祀之外的故事，明代总译是这样的：

> 那年春间，俺巴孩皇帝的两个夫人斡儿伯、莎合台祭祀祖宗时，诃额仑去得落后了，祭祀的茶饭不曾与。诃额仑对说，也速该死了，我的儿子将来怕长不大么道，大的每的胙肉分了为甚不与？眼看着的茶饭不与了，起营时不呼唤的光景做了也。[42]

现代学者提供了方便理解的译文，谨录札奇斯钦译文如下：

> 那年春天，俺巴孩可汗的可敦，斡儿伯与莎合

台两个人，在祭祖之地，烧饭祭祀，诃额伦夫人到晚了。因为没有等候她，诃额伦夫人就对斡儿伯、莎合台两个人说："因为也速该·把阿秃儿已经死了，我的孩子们还没有长大吗？你们为什么在分领祭祖的胙肉和供酒之时，故意不等我们呢？你们眼看着，连吃也不（给），起营也不叫了！"[43]

无论祭天祭祖，祭祀的核心环节都是向祭祀对象供奉酒肉，而绝大部分酒肉最终要由祭祀参与者分享。分享这种福酒胙肉（当然福酒胙肉也是借用了华夏－汉社会祭祀传统用语），对于参与者来说，是社会身份获得重新认定（renewal of membership）的物质化呈现。所以可以肯定，在"以竿悬肉祭天"的"主格黎"祭祀结束时，无论是孛端察儿家人的"主格黎"，还是忽必烈亲自参加的"主格黎"，祭祀仪式的最后一个环节应该是分领酒肉。对于衣食无忧的权势人物来说，福酒胙肉只有象征意义；对于贫穷牧民家庭来说，参与祭祀的目的之一就是最后分领一点酒肉。

罗依果所举讨论"主格黎"的论著中，匈牙利学者拉约什·拜谢（Lajos Bese）1986 年在《匈牙利科学院东方学报》（AOH）上发表的《蒙古秘史中的萨满术语主格黎》一文[44]，一方面吸收语言学和宗教学研究成果，另一方面充分考察了布里亚特蒙古人的民族志和人类学田野资料，对于我们这里讨论的立杆悬肉问题有较高的参考价值。据拜谢此文，切列米索夫（Cheremisov）在 1951 出版的《布里亚特蒙古语－俄语词典》已收有 züxeli 一词，此书 1973 年的增订版这样解释 züxeli：献祭动物之皮（带头与四蹄）放置在木杆上。词典收有一个词根 züxe-，解释为把带头与四蹄的动物皮、杂有干草的动物肝脏肾脏等，放置在木杆上；另一个意思是刺穿。由此可知，jügeli 是动词词根 jüke- 加上名词性后缀 -li 形成的名词。

拜谢指出，中古蒙古语 jükeli 的形式和词义，以及它所指代的萨满教仪式，在西布里亚特蒙古语人群中至今仍颇有保留。文中引鲍培（Nicholas Poppe）1972 年的文章《19 世纪布里亚特有关萨满教的一条文献史料》说："挂在高树上祭神的绵羊皮或山羊皮被称为 jüxeli，对应《蒙古秘史》之 jükeli。当我 1932 年在西布里亚特的

Bulagat 布里亚特人中搜集民间歌谣时，我见到很多很多这类 jüxeli 献祭。"又引曼志基夫（Manzhigeev）的话说："布里亚特语 züxeli 的词义是：献祭的动物头部、四肢、皮、尾挂在一棵白桦杆上，如同被充塞起来的动物，木杆插入地里。动物头部饰有许多彩色布条，牙齿里塞了冷杉树皮，朝向太阳升起的方向。"对于分食祭肉，拜谢这样总结，献祭动物的肉分成三份，一份敬神，一份分予氏族或家族成员，一份给来宾。仪式参与者若未分得祭肉，会被鄙视，显得低人一等。

　　同为阿尔泰语人群（Altaic Peoples），即使同为某一语族甚至更小亚文化圈的人群，每个时代、每个地区都有自己独特的历史条件与文化语境。同源（或因长期接触相互影响而近似）的宗教实践也会有众多细节变异，仪式更是如此。在我们理解内亚文化的连续性和继承性时，不是差异，而是相似，使可比较性和相关性的秩序从历史混沌中浮现。

　　13 世纪前往蒙古高原的欧洲人，目睹或耳闻了各种突厥语人群和蒙古语人群的奇风异俗，其中有与我们这里关注的立杆悬肉相关者。比如加宾尼记蒙古人的葬礼：

　　如果他不是最高等级的贵人，死后会在野外选中的地方秘密埋葬。随葬物中有他的诸多帐房之一，他坐在帐房正中，面前放一张桌子，桌上有一大盘肉和一杯马奶。陪葬的还有一匹配有鞍辔的母马及其马驹，以及一匹配有鞍辔的牡马。他们把另一匹牡马的肉吃掉之后，在皮下充塞干草，悬挂在二或四根木杆上。这样，他在另一世界里就有帐房住，有母马产奶，还可以繁育更多的牡马，可供骑乘。[45]

　　加宾尼的关注点是祭祀结束后，献祭的公马肉被分食，剩下连着马头和四蹄的马皮塞入干草，重新缝合，形成近代“马标本”的样子，再挂在木杆上。——这一景象是如此醒目，旅行者很容易看到，记录下来或转告他人。加宾尼没有说明的是，当祭祀进行中，被分食之前的马肉，放置在哪里呢？我猜，也应该是悬挂在木杆上的。只是这一环节不对外人开放，旅行者是看不到的。鲁不鲁乞（William of Rubruck）见到库蛮人（Coman 或 Cuman）墓前木杆上悬挂马皮，没有提祭祀时的立杆悬肉，当然同样是因为他并没有看到葬礼过程：

　　库蛮人在墓上建一个巨大的土堆，为死者立一座雕像，面向东方，放在肚脐位置的手里握有杯子。他们也为富人建锥形塔，也即小小的尖顶屋。我在一些地方见到用砖瓦砌筑的高塔，在另一些地方见到石头房子，尽管其地其实不产石头。我还见到，他们为一个前不久死去的人在多根高高的木杆上悬挂十六张马皮，每个方向各四张马皮。还放马奶酒供他喝，以及供他吃的肉。[46]

　　10 世纪的阿拉伯旅行家伊本·法德兰记录乌古斯突厥人的葬礼安排，也提到把连着马头与四蹄的马皮悬挂在木杆上。兹据费耐生（Richard Frye）英译本转译如下：

　　　　如有要人死去……然后他们在墓前把他的马都杀掉，一匹至二百匹不等，直到最后一匹。他们吃掉马肉，剩下头、蹄、皮、尾，都挂在木杆上，并且说："这是他的骏马，他要骑着去天堂。"如果他杀过人，是个英雄，他们就照他所杀的人数雕刻木像，立于墓前，说："这些是他的仆人，在天堂服侍他。"[47]

西蒙·圣宽庭《鞑靼史》（*Historia Tartarorum*）记蒙古人的葬礼，也提到用木杆把裹草的马皮悬挂起来：

> 鞑靼人中的富贵者死后穿上贵重的衣服，埋葬在偏远隐蔽的地方，因为这样就没有人能偷走他的衣服。他的父母将他的马从头至尾剥皮，首先切开一个窄条，随后他们将草填进马皮之中，作为怀念死者的遗物。他们在马的屁股上插入一根木桩直至颈部，将其水平悬挂在两个木叉上。之后他们将作为献给逝者灵魂的贡品的马肉吃掉，然后为他哭丧，有的人要哭三十天，其他人有的时间短一些，有的时间长一些。[48]

在木杆上悬挂连带马头与四肢的马皮，这种做法在西伯利亚地区保持到非常晚近。苏联考古学家杰烈维扬科《黑龙江沿岸的部落》提到考古发掘所见的古老习俗：

在发掘东阿尔泰尤斯蒂德河畔的一些茔墙时，考古学家注意到茔地中央木杆下面的残存……行葬之余，他们在这种木杆上悬挂连带马头的马皮和马的四肢。在一些突厥—蒙古牧民那里，主要是崇拜马和树木。这些民族把许多远古时代的殡葬仪式，以马祭神的仪式和某些萨满跳神的仪式等等，一直保留到今天。[49]

四、清代堂子祭天的神杆

无论在形式上还是性质上，清代的"堂子祭天"都与北魏平城时代的西郊祭天具有极高的可比性。尽管要确知祭天的仪程细节还是非常难[50]，但几乎所有相关材料都会提到"立杆"这个重要因素，这就与本文关注的话题有了直接联系。清代"堂子祭天"仪式中的"设杆致祭""立杆大祭"，在该祭典中居于中心地位的所谓"神杆"，也就是前面所讨论的北魏西郊祭天中的木主，契丹的"君树"，蒙古"以竿悬肉祭天"的"竿"，是数千年间内亚文化传统连续性的鲜明表现。

　　所谓堂子（Tangse），即祭天场所，类似北魏平城西郊以方坛为中心的祭天之地。清代的"堂子祭天"出自满洲旧俗。吴振棫《养吉斋丛录》说："其祭为国朝循用旧制，历代祀典所无。"[51] 昭梿《啸亭杂录》："国家起自辽沈，有设杆祭天之礼。"[52] 但因为有资格参与祭天大典者属于一个严格限定的人群，如吴振棫所说，"康熙年间，定祭堂子汉官不随往，故汉官无知者，询之满洲官，亦不能言其详"。[53] 这一祭典的封闭性及其显然有别于汉文化传统的异质性，营造出一种神秘氛围，种种牵强附会随之而起，比如把堂子之祭与邓将军联系起来[54]，等等。连朝鲜燕行使都注意到了，深以为奇。[55] 这些事项学者知之已悉，兹不赘列。

　　所谓"立杆""设杆"，或所谓"神杆"，其功能也是悬挂牲体。福格《听雨丛谈》卷五"满洲祭祀割牲"条：

　　　　满洲祭祀之礼，各族虽不尽同，然其大致则一也。荐熟时，先割牲之耳、唇、心、肺、肝、趾、尾各尖，共置一器荐之；或割耳、唇、蹄、尾尖，献于神杆斗盘之内。又有荐血之礼、割肠脂幂于牲首之礼，旧俗相沿，莫知其义者多矣。[56]

又姚元之《竹叶亭杂记》卷三"跳神"条：

> 又主屋院中左方立一神杆，杆长丈许。杆上有锡斗，
> 形如浅椀，祭之次日献牲，祭于杆前，谓之祭天。[57]

姚元之所记神杆上的锡斗，是用来盛放所献牲体的，
其本义正同古代内亚悬挂牲体于木上的传统。

如前所论，不同时代不同内亚人群祭祀所立木杆的
数量可能差异是很大的。昭梿《啸亭杂录》：

> 既定鼎中原，建堂子于长安左门外，建祭神殿于
> 正中，即汇祀诸神祇者。南向前为拜天圆殿，殿南正
> 中设大内致祭立杆石座。次稍后两翼分设各六行，行
> 各六重，第一重为诸皇子致祭立杆石座，诸王、贝勒、
> 公等各依次序列，均北向。[58]

方濬师《蕉轩随录》卷十一"祭神"条：

　　堂子之祭，为我朝敬事天神令典。乾隆十九年四月，谕礼部等衙门：王公等建立神杆，按照爵秩等差设立齐整。寻议神杆立座每翼为六排，每排为六分，皇子神杆列于前，其次亲王、郡王、贝勒、贝子、公，各按排建立，从之。[59]

　　清代堂子祭天中献祭的动物牲体，最后都要由与祭者分食，称之为"吃肉"。方濬师《蕉轩随录》："满洲士庶家均有祭神之礼，亲友之来助祭者，咸入席分胙，谓之吃肉。濬师官京师时，曾屡与斯会。"[60]清帝大祭之后"赐王公大臣吃肉"，史料中屡屡可见。清代曾短暂地实行把肉煮熟之后献祭，不过以生肉献祭应该是内亚各时期各人群的普遍做法。

　　清代堂子祭天最重要的史料是乾隆十二年（1747），乾隆皇帝命和硕庄亲王允禄主持编写的满文《钦定满洲祭神祭天典礼》（清人亦称之为《满洲跳神还愿典例》）[61]，乾隆四十五年（1780）由大学士阿桂、于敏中等奉旨译为汉文，收入《四库全书》。全书分为六卷，包含各类祭神祭天的仪注、祝词等，都是极为珍贵的资料。近年台湾师范大学历史系的叶高树教授据此书的满文本重新汉译并给出详细注释，是为阅读此书最好的译注本。[62] 本文所引，均出叶高树教授译本。此书第三册有《堂子立杆大祭仪注》，对祭天神杆的获取、尺寸和安置有明确规定：

> 每岁春秋二季，堂子立杆大祭。所用之松木神杆，前期一月，派副管领一员，带领领催三人，披甲二十人，前往直隶延庆州，会同地方官，于洁净山内，砍取松树一株，长二丈，围径五寸，树梢留枝叶九节，余俱削去，制为神杆。用黄布袱包裹，赍至堂子内，暂于近南墙所设之红漆木架中间，斜倚安置。立杆大祭前期一日，立杆于亭式殿前中间石上。[63]

《清史稿·礼志》"堂子祭天"条近似上文，细节微有出入：

> 立杆大祭，岁春、秋二季月朔，或二、四、八、十月上旬诹吉行，杆木以松，长三丈，围径五寸。先

一月，所司往延庆州属采斫，树梢留枝叶九层，架为杆，贲至堂子。前期一日，树之石座。[64]

　　所用的松木杆并不是砍削得光光净净，而要在顶部保留九层枝叶，这样其实看起来更像一棵树而不是木杆。不知道古代内亚祭典上的木杆是不是也保留枝丫。从功能上说，保留枝丫至少有利于悬挂牲体。

　　据《钦定满洲祭神祭天典礼》的祭天仪注，祭礼最为繁复的部分是几个萨满（saman，即拓跋时代的女巫，清人译为司祝、祝神人）的行礼与歌唱，许多环节都是一再重复，参与祭礼的人也要配合萨满的行礼和歌唱而一再齐声高唱"鄂啰啰"（orolo）。书中有《堂子立杆大祭飨殿内祝词》，即萨满歌唱的歌词，内容是为主祭人祈福，所祈的福就是健康长寿：让他头发变白，让他口齿变黄，让他年纪大、岁数多，让他活得长久，让他生命之根深远。[65]祝词的朴素正足以说明其来历的原始。堂子立杆大祭仪注的最后部分是关于皇帝参与祭礼，以及他在祭礼中扮演的角色：

皇帝进飨殿内，行礼。又进亭式殿内，行礼。行礼毕，武备院卿铺皇帝坐褥于西间正中。皇帝南向坐，尚膳正、司俎官以小桌列胙糕恭进，尚茶正捧献福酒。皇帝受胙毕，分赐各王、公。礼成，皇帝还宫，所余糕、酒，分赐扈从之侍卫、官员、司俎等。[66]

堂子祭天的典礼之末，也是分领福酒胙肉等献祭之物，这和本文前述内亚其他人群的祭礼仪程是一致的。

祭典用过的木杆如何处理呢？如前所述，北魏西郊祭天每年使用过的木杆要予以保留，直到皇帝死去。内亚其他时期其他人群的做法，已无从考知。清代的做法是每年除夕（次日就要举行新年祭天大典）把包括神杆在内的前次祭典用物都烧掉。"故事，神位所悬纸帛，月终积贮盛以囊，除夕送堂子，与净纸、神杆等同焚。"[67]

最后，举康熙间浙江山阴人杨宾在东北亲眼所见的立竿跳神。康熙二十八年（1689）九月，杨宾前往东北探望流放在宁古塔近三十年的父亲，在那里生活数月，回家后结合塞外见闻与读书心得，写为《柳边纪略》，最终成书在康熙四十六年（1707）。书中记录了宁古塔地方满人跳神的仪式：

　　满人病，轻服药而重跳神，亦有无病而跳神者。富贵家或月一跳，或季一跳，至岁终则无有弗跳者。未跳之先，树丈余细木于墙院南隅，置斗其上，谓之曰竿。祭时著肉斗内，必有鸦来啄食之，谓为神享。跳神者，或用女巫，或以冢妇，以铃系臀后，摇之作声，而手击鼓。鼓以单牛皮冒铁圈，有环数枚在柄，且击且摇，其声索索然。而口致颂祷之词，词不可辨。祷毕，跳跃旋转，有老虎、回回诸名色。供祭者，猪肉及飞石黑阿峰。飞石黑阿峰者，粘谷米糕也。色黄如玉，质腻，糁以豆粉，蘸以蜜。跳毕，以此遍馈邻里、亲族，而肉则拉人于家食之，以尽为度，不尽则以为不祥。[68]

　　杨宾说祭礼食物中的飞石黑阿峰是一种色黄如玉的粘谷米糕，其实即今华北北部常见的黄糕，以去皮的黍子（俗称黄米）磨成面粉制作而成。《钦定满洲祭神祭天典礼》所列献祭食物中的"糕"，就是这种黄米糕。全祖望《跳神曲》所谓"飞石黑阿峰，粢饵有佳名"，也是指这种食物。杨宾对跳神所立之竿的描述，与前引清代其他文献所述亦基本相符。只是他说的"不可辨"的"颂祷之词"，是否在形式和内容上与《钦定满洲祭神祭天典礼》所记萨满歌词一致，就难以确知了。

小结：内亚传统的连续性

本文的基本论点是，拓跋西郊祭天方坛上的木杆，其现实功能，或其礼制渊源意义上的功能，是用以悬挂献祭的动物牲体。这一点，比较拓跋之后许多内亚人群的祭祀仪程，大概已然明了，毋庸赘言。不过有一点需要强调，南北朝史书中借用华夏礼制传统的"木主"、"木人"或"天神主"，来描述这些文化属性显然不同的木杆，无论是出于误解还是想当然，都会造成误导，后之读者望文生义而把这些木杆放在华夏传统中理解，把它们看成代表祭祀对象的那种所谓的"主"。

介绍一种异质文化，特别是那些差异比较大的文化时，大量参照和借用自己文化已有的概念、观念、词语和表达方式，一开始往往是不可避免的（如中古佛教初来时的"格义"），但因此一定会造成一些失实、失真或信息流失。随着接触增多、理解深入，原先那些借用的概念或词语要么被放弃，要么词语或概念本身被改造而变化。这是文化交流史上的常态。不过也存在另一种情况，那就是误解得以延续，真相持续隐藏或流失。与世界任何其他地方的历史一样，中国历史也是多元文化共生互动的历史，中原的华夏－汉文化与内亚各人群的文化有着漫长持久的互动与交流，汉文文献对内亚文化的记录当然是丰富的、宝贵的，但某些场合的确存在隔膜和失真等问题。南北朝史书把拓跋祭天方坛上悬挂牲体的木杆记为木主、天神主，大概就属于这种情况。文化间孤立的和个别的误读（misreading）、误译（mistranslation），无法在孤立与个别的语境中获得纠正，而要放到更大的时空范围内，通过比较建立历史理解的基础。在这个意义上，内亚文化的连续性是进行横向与纵向比较的保障。

如何理解内亚文化的连续性呢？内亚历史上各时期各人群当然有各自独立和独特的文化与传统，甚至可以说，全世界各基本人群都一样有其各自独立和独特的文化与传统。但是，地理条件、经济生产方式及历史发展等多种因素，使得世界上人群之间的历史联系是高度不平衡的，这种不平衡决定了文化差异的不均匀分布，有的人群间文化差异小，有的人群间文化差异大。内亚尽管也是多文化、多经济形态的，但其中心世界是草原，其主体人群是游牧人，而因为整个社会都在马背上，不同游牧人群间的互动规模往往非常大，其空间尺度常常大到定居社会难以理解的程度。历史时期虽然草原地带的政治体更换未必比定居社会更频繁，但其震荡规模和地理覆盖面总起来看要大得多。这些条件使得内亚各人群间的深度互动持续发生，造成语言、风俗和信仰等方面的高度近似，使得内亚各人群之间看起来似乎是共享着同一个文化遗产，特别是当与非内亚如中原的华夏-汉人群进行比较时。必须说明的是，正如阿尔泰语（Altaic）各语言之间的语言亲缘性是接触的结果[69]，内亚各人群之间的文化亲缘性，也是接触和互动的结果——正如并不存在一个原始阿尔泰语（Proto-Altaic）母体，同样也不存在一个原始内亚文化母体。在这个前提下，我们才能历史地理解内亚文化的连续性。

　　这种连续性是指内亚许多（当然不能说是全部）人群，在许多（当然不能说是所有）方面，表现出鲜明的文化亲缘性。认识到这一点，至少有助于前面所说的跨时空文化比较，因而也就有助于校正对内亚文化的误读和误译。本文论证拓跋平城西郊祭天方坛上的木杆不是代表天神的"主"，而是悬挂牲体的祭祀道具，所用的方法便是求助于广阔的内亚资源，以拓跋之后多个内亚人群（内亚政治体）的祭祀实践作为比较对象。在这个意义上，当我们说内亚是一种方法，不是指任何孤立的、个别的内亚人群，而是要尽可能多地拓展历史内亚的时间与空间。

注释：

1. 康乐：《从西郊到南郊：国家祭典与北魏政治》，台北：稻禾出版社，1995 年，第 165—197 页。
2. 《魏书》卷一《序纪·神元帝纪》，北京：中华书局，点校本，2017年，第 3 页。
3. 《魏书》卷二《太祖纪》，第 26 页
4. 《魏书》卷二《太祖纪》，第 36 页
5. 《魏书》卷二《太祖纪》，第 47 页
6. 《魏书》卷七下《高祖纪下》，第 191 页
7. 《魏书》卷四十八《高允传》，第 1199 页

8. 《魏书》卷九四《阉官·抱嶷传》，第 2193 页。

9. 《魏书》卷五十《尉元传》，第 1227 页

10. 《魏书》卷一〇八之一《礼志一》，第 2988 页。

11. 《魏书》卷一〇八之一《礼志一》，第 2986 页。

12. 《南齐书》卷五七《魏虏传》，北京：中华书局，点校本，2017 年，第 1092 页。这里的大小辇，也许就是《魏书》卷一〇八之四《礼志四》所说的郊庙所乘的大楼辇和小楼辇，不过大楼辇以二十头牛牵引，小楼辇以十二头牛牵引，似乎并非使用人力，见第 3064 页。也许《南齐书》所说的二三百人牵引仅用以四面牵曳以防车楼倾倒。

13. 《魏书》卷一〇八之四《礼志四》，第 3065 页。

14. 《魏书》卷一一三《官氏志》，第 3233 页。

15. 胡鸿：《能夏则大与渐慕华风：政治体视角下的华夏与华夏化》第七章《北朝华夏化进程之一幕：北魏道武帝、明元帝时期的"爵本位"社会》，北京：北京师范大学出版社，2017 年，第 242—274 页。

16. 张帆：《元代蒙古人的圈层式结构》，待刊稿。张帆已在多处座谈和讲座中使用这个概念，可惜相关文字迄今还没有正式发表。

17. "帝之十族"又可作"帝之十姓"，详见康乐：《从西郊到南郊：国家祭典与北魏政治》，第 35—47 页。

18. 讨论北魏平城时期内朝官的论著很多，这里特举有代表性的两位学者。一个是川本芳昭，参见川本芳昭：《内朝制度》（1977 年），收入《魏晋南北朝时代的民族問題》，東京：汲古書院，1998 年，第 189—227 页；《北魏内朝再論——比較史の観点から見た》，《東洋史研究》第 70 卷第 2 号，2011 年，第 1—30 页。另一位是佐藤賢，参见佐藤賢：《北魏前期の"内朝"、"外朝"と胡漢問題》，《集刊東洋学》第 88 号，2002 年，第 21—41 页；《北魏内某官制度の考察》，《東洋学報》第 86 卷第 1 号，2004 年，第 37—64 页。

19. 川本芳昭：《北魏文成帝南巡碑について》，《九州大学東洋史論集》第 28 号，2000 年。松下憲一：《北魏石刻史料に見える内朝官——〈北魏文成帝南巡碑〉の分析を中心に》，见《北魏胡族体制論》，北海道大学出版会，2007 年，第 57—86 页。窪添慶文：《文成帝時期的胡族与内朝官》，载张金龙主编《黎虎教授古稀纪念——中国古代史论丛》，北京：世界知识出版社，2006 年，第 180—199 页。

20. 黄桢：《北魏前期的官制结构：侍臣、内职与外臣》，《民族研究》2016 年第 3 期，第 83—99 页。

21. 《南齐书》卷五七《魏虏传》，第 1097—1098 页。

22. 《梁书》卷二六《萧琛传》，北京：中华书局，点校本，2020 年，第 436 页。

23. 《魏书》卷七下《高祖纪下》，第 200 页。

24. 《魏书》卷七下《高祖纪下》，第 201 页。

25. 周一良：《魏晋南北朝史札记》，北京：中华书局，1985 年，第 266 页。

26. 《魏书》卷三《太宗纪》，第 60 页。

27. 《南齐书》卷五七《魏虏传》，第 1091 页。

28. 《魏书》卷一〇八之一《礼志一》，第 2992 页。

29. 《魏书》卷三五《崔浩传》，第 913 页。

30. 《魏书》卷七上《高祖纪上》，第 163 页。

31. 郑玄注《周礼》之《春官·司巫》："主，谓木主也。"见孙诒让《周礼正义》，王文锦、陈玉霞点校，中华书局，2013 年，第 2066 页。

32. 《魏书》卷一〇八之一《礼志一》，第 2990—2991 页。

33. 米文平：《鲜卑石室的发现与初步研究》，《文物》1981 年第 2 期，第 1—7 页。

34. 江上波夫：《匈奴の祭祀》，载江上波夫《ユウラシア古代北方文化》，京都：全国书房，1948 年，第 225—279 页；该文有中译本，江上波夫《匈奴的祭祀》，黄舒眉译，收于刘俊文主编《日本学者研究中国史论著选译》第九卷，北京：中华书局，1993 年，第 1—36 页。

35. 《周书》卷五〇《突厥传》，北京：中华书局，点校本，1971 年，第 910 页。

36. 《辽史》卷四九《礼志一》，北京：中华书局，点校本，2016 年，第 928—929 页。

37. 《辽史》卷四九《礼志一》，第 929 页。

38. 《元朝秘史》卷一，乌兰校勘本，北京：中华书局，2012 年，第 13 页。

39. Igor de Rachewiltz, *The Secret History of the Mongols, A Mongolian Epic Chronicle of the Thirteenth Century*, Leiden: Brill, 2006, p. 8.

40. Igor de Rachewiltz, *The Secret History of the Mongols, A Mongolian Epic Chronicle of the Thirteenth Century*, pp. 280-283.

41. 王恽：《中堂事记》，顾宏义、李文：《金元日记丛编》，上海：上海书店出版社，2013 年，第 109 页。值得注意的是，王恽还记录四月六日忽必烈汗对汉臣说，次日（也就是祭天的前一天）"朕郊祭骊马、酮马，卿等不必扈行"。这很可能说明，蒙古的祭天和拓跋人一样，都要在前一天去"热身"。至于蒙古的祭天"热身"，是不是如拓跋那样绕坛跑马，我暂时没有找到证据。

42.《元朝秘史》卷一，乌兰校勘本，第 42 页。

43. 札奇斯钦：《蒙古秘史新译并注释》，台北：联经出版事业公司，1979 年，第 71—72 页。

44. Lajos Bese, "The Shaman Term Jügeli in the Secret History of the Mongols," *Acta Orientalia Academiae Scientiarum Hungaricae*, Vol. 40, No. 2/3 (1986), pp. 241-248.

45. John of Plano Carpini, "History of Mongols," in: Christopher Dawson ed., *The Mongol Mission*, London & New York: Sheed and Ward, 1955, p. 13。需要说明的是，此书有中文译本（道森：《出使蒙古记》，吕浦译，周良霄注，北京：中国社会科学出版社，1983 年，与引文有关的部分见第 13 页），但本文的译文是我参考吕浦的译文之后按英译本自译的，特此说明。下文引《鲁不鲁乞东使记》亦同。

46. William of Rubruck, "The Journey of William of Rubruck," in: Christopher Dawson ed., *The Mongol Mission*, p. 105 ;《出使蒙古记》之《鲁不鲁乞东使记》，见吕浦译本第 123 页。

47. Richard Frye, *Ibn Fadlan's Journey to Russia, A Tenth-Century Traveler from Baghdad to the Volga River*, Princeton, NJ: Markus Wiener Publishers, 2005, pp. 38-39.

48. 西蒙·圣宽庭：《鞑靼史》，让·里夏尔法译并注释，张晓慧汉译，载《西域文史》第十一辑，科学出版社，2018 年，第 255 页。

49. 杰烈维扬科：《黑龙江沿岸的部落》，林树山、姚凤译，长春：吉林文史出版社，1987年，第294页。

50. 石桥崇雄：《清初祭天仪礼考》，载石桥秀雄主编《清代中国的若干问题》，杨宁一、陈涛译，济南：山东画报出版社，2011年，第36—67页。

51. 吴振棫：《养吉斋丛录》卷七，童正伦点校，北京：中华书局，2005年，第81页。

52. 昭梿：《啸亭杂录》卷八"堂子"条，何英芳点校，北京：中华书局，1980年，第231页。

53. 吴振棫：《养吉斋丛录》卷七，第81页。

54. 孟森：《清代堂子所祀邓将军考》，载孟森《明清史论著集刊》，北京：中华书局，2006年重印本，第311—323页。

55. 葛兆光：《想象异域——读李朝朝鲜汉文燕行文献札记》，北京：中华书局，2014年，第165—178页。

56. 福格：《听雨丛谈》卷五，汪北平点校，北京：中华书局，1984年，第129页。

57. 姚元之：《竹叶亭杂记》，李解民点校，北京：中华书局，1982年，第61页。

58. 昭梿：《啸亭杂录》卷八"堂子"条，第231页。

59. 方濬师：《蕉轩随录》卷十一，盛冬铃点校，北京：中华书局，1995年，第423页。

60. 方濬师：《蕉轩随录》卷十一，第423页。

61. 刘厚生、陈思玲：《〈钦定满洲祭神祭天典礼〉评析》，《清史研究》1994年第1期，第66页。

62. 叶高树：《满文〈钦定满洲祭神祭天典礼〉译注》，台北：秀威资讯科技，2018年。我得知并使用此书，全拜蔡伟杰先生惠赠，谨此致谢。

63. 叶高树：《满文〈钦定满洲祭神祭天典礼〉译注》，第224—225页。

64. 《清史稿》卷八五《礼志四》，北京：中华书局，点校本，1977年，第2555页。

65. 叶高树：《满文〈钦定满洲祭神祭天典礼〉译注》，第236—237页。

66. 叶高树：《满文〈钦定满洲祭神祭天典礼〉译注》，第 234—235 页。

67. 《清史稿》卷八五《礼志四》，第 2554 页。

68. 杨宾：《柳边纪略》，《东北流人文库》整理本，与《梅东草堂诗集》和《塞外草》同册，哈尔滨：黑龙江大学出版社，2014 年，第 420—421 页。

69. 关于"原始阿尔泰语"假设的批评是从 20 世纪 50 年代开始的，最具代表性的是 Gerard Clauson, "The Case against the Altaic Theory," *Central Asiatic Journal*, Vol. 2 (1956), pp. 181-187。近二十年来这一派已渐渐成为主流，见 Claus Schönig, "Turko-Mongolic Relations," in: *The Mongolic Languages*, edited by Juha Janhunen, Routledge, 2003, pp. 403-419。

内亚视角的北朝史

唐初编纂《北史》和《南史》，北朝和南朝的史学概念即由此定型。[1]唐人所说的北朝，是从北魏建立到隋朝灭亡的各个北方王朝的合称。但也许因为隋朝实现了西晋之后中国的第一次统一，所以后人倾向于把隋朝从北朝分离出来，因此现代历史学所说的北朝通常排除了隋朝，北朝就是指北魏建立之后和隋朝建立之前的北方各王朝（386—581）。在北魏建立之前的中国北方，还有一个与北魏有部分重叠的历史阶段，即十六国（304—439）。这个阶段在北魏建立之前已经存在，其中许多国家还与北魏并存了很长一段时间，最终被北魏所吞噬。甚至可以说，北魏前期的历史本来就是十六国历史的一部分，北魏中后期的历史又是十六国历史的延续和总结。因此现在说北朝史，往往也隐含着兼指十六国史的意思。

十六国时期在中国北方建立各类政权的那些族群，绝大部分和建立北魏的拓跋鲜卑一样，是源于内亚的阿尔泰语人群，其中主要是说古突厥语（Old Turkic）和古蒙古语（Proto-Mongolic）的各群体，当然还有氐羌系统的多个人群。他们迁入长城以内或靠近长城地带，已经有很长的历史了，甚至可以追溯到东汉前期，其中更有相当一部分早已深入中原政权的腹心地区。这些人群先是作为魏晋王朝统治下多人群社会的个别单元而存在，在西晋末年的政治动荡中扮演了直接推翻西晋朝廷的角色。正是这些有鲜明部族特征的军事和政治力量，把晋朝的政治和军事存在驱赶到了江淮流域及其以南的南方中国，由此开始了北方中国的十六国时代。十六国以及紧随其后的北朝的一个突出特征，就是建立政权的群体、各政权统治集团主要成员，其族群背景多与内亚阿尔泰人群有关。

这些进入长城以南的内亚人群及其后裔，基本上都没有退回到草原上去，而是变成了农耕定居地区的人口，成为北朝末年开始的获得具有族群意味的"汉人"的一部分。很多中国现代历史学著作,常常把十六国北朝称作"民族大融合"的时期,就是强调这三百多年历史的一个重要内容即各人群的深度接触,其表现形式是不同人群集团的崛起、征服、被征服,其社会后果则是许多族群认同的消失,以及新认同、新群体和新文化的出现。

内亚人群不仅在政治上主导了这一历史过程,而且正是他们主动的文化选择,形塑了北朝和隋唐"汉人"的文化面貌。源于北朝内亚成员的后裔,成为随后数百年的"汉人"社会里的精英阶层。因此,13世纪的胡三省在议论这一过程时,万分感慨地说:"呜呼,自隋以后,名称扬于时者,代北之子孙十居六七矣。氏族之辨,果何益哉。"[2] 他说的"氏族之辨",其实就是"华夷之辨"。[3]

不过必须注意,当时和后世的历史学家,几乎全都是持中华文化本位立场的,他们当然会赞扬源自内亚的征服者和统治者们在文化上的选择,同时也会批评那些保持内亚传统的企图和努力。因而,历史文献中的十六国君主们就会给人"虽非中国人,亦多有文学"的虚假印象[4],而且在北朝史籍中,对华夏人士及其家庭的记录明显地占有不合适的篇幅比例。这样的历史写作立场，势必忽视甚至有意遮蔽十六国北朝历史中的内亚因素。而基于这样的历史资料，后世的历史学研究也势必会强调华夏传统对内亚传统的天然优势，描绘出华夏文化成功地征服内亚征服者的历史图景。

毫无疑问，北朝是中国古代史的一部分。然而，同样不可否认的是，北朝历史包含有丰富的内亚因素，北朝史有相当一部分是与内亚史相重叠的，甚至可以说北朝史也是内亚史的一部分。

因而，从研究路径的选择来说，对于北朝的研究，可以有两个取径：一个是从汉唐历史连续性的角度，也就是华夏本位的角度来研究北朝，这一取径的基本立场是——北朝史是中国史的一部分；另一个则是从汉唐间历史断裂的角度，关注内亚与华夏两个传统间的遭遇、冲突与调适，也就是从内亚史的角度来研究北朝，这个取径的基本立场是——北朝史也是内亚史的一部分。

不难理解的是，传统历史学对于北朝的研究，基本上都采取了华夏本位的立场，这个立场并不否认内亚因素的进入，但强调华夏传统的发展，其方向、速度和强度并不因内亚因素的干扰而有太多改变，而且正是因此才使得突兀插入的内亚传统最终消失。陈寅恪先生在《述东晋王导之功业》一文中，热情称颂王导和辑主客侨旧，"民族因得以独立，文化因得以延续"，关注点正是华夏传统的存续发扬。[5]在《隋唐制度渊源略论稿》中，陈寅恪先生考察隋唐制度的三个主要来源及其整合过程，有力地论证了汉唐历史的内在连续性。[6]这种连续性经唐长孺先生著名的"南朝化"理论阐述之后，更加呈现出历史学的纵深感和层次感。[7]

胡宝国先生总结过"南朝化"与"北朝主流论"的问题，他对"南朝化"的总结非常简明扼要："唐长孺先生的解释是，十六国北朝时期，由于建立政权者是少数民族，所以带来了重大的社会特殊性。但它必将随着这些特殊历史条件的消失而消失。唐代的变化，正是随着这些特殊历史条件的消失而产生的。也就是说，南朝化的过程就是北朝特殊性的消失过程。"[8]正如胡先生所注意到的，牟发松先生认为北朝是中国历史上不正常的一个阶段，是一个偶然的历史曲折，北朝完成统一只是由于军事优势，历史最终要回归于南朝所代表的历史进程。[9]

特殊的历史，不正常的历史，对十六国北朝史的这种定位，取决于、又规范了研究路径的选择。

值得注意的是，与"南朝化"理论明显关注点不同的有所谓"北朝主流论"，这一派的学者高度重视北朝历史的重要性，特别是在与南朝历史相比较的时候。田余庆先生说："从宏观来看东晋南朝和十六国北朝全部历史运动的总体，其主流毕竟在北而不在南。"[10] 这是"北朝主流论"最早、最鲜明的表述。这个说法多少会使人联想起陈寅恪先生那句颇有浪漫主义色彩的历史论断："取塞外野蛮精悍之血，注入中原文化颓废之躯，旧染既除，新机重启，扩大恢张，遂能别创空前之世局。"[11] 田余庆先生关注的是政治史的线索，陈寅恪先生则是从"活力"意义上重视北方人群加入中国历史的深远影响。沿着"活力"这个思路，近年来阎步克先生在研究南北朝官僚等级制度和皇权发展时，多次强调十六国北朝非汉魏传统诸因素的重大影响，提出了著名的"北朝历史出口说"。[12] 在 2012 年发表的《论北朝位阶体制变迁之全面领先南朝》一文中，他再次申论"北朝异族政权的特殊政治结构，进而又为帝国体制的复兴提供了更大动力"。在他看来，非华夏传统的内亚人群成为华夏传统复兴的主要承担者，"北朝军功贵族与异族皇权的结合，使北朝成为帝国复兴的历史出口，进而带动了一系列的制度演化"。[13]

尽管看起来对北朝史的评价有上述的对立或差异，但显而易见的是，无论是认为十六国北朝有着"偶然性"或"特殊性"的学者，还是强调北朝历史重要性或持久影响的学者，其思考的出发点同样都是中国史，都以中国史发展线索的探寻为终极目标。从中国历史本位立场出发，不管是南朝化理论、北朝主流论，还是"北朝历史出口说"，都是为了把十六国北朝适当地嵌入汉魏与隋唐历史之间。可以说，迄今为止南北朝史研究所取得的最重要的成果，主要都属于上述这个华夏本位取径的。

与"北朝是中国史的一部分"相对应，如果持"北朝也是内亚史的一部分"的立场，那么北朝史的研究就会呈现另一种景象和另一种关怀。必须说明，即使在世界史的范围内，中国史的巨大权重岂是区区内亚所可比拟的？属于内亚世界的北朝史，无论从史料提供的可能性还是研究者所可期待的发展前景来说，都是有限度的、不可夸大的。不过，既然在这里我要谈"内亚视角的北朝史"，不得不"为赋新词强说愁"。让我们看看，采用了内亚史视角的北朝史，应该或可能是什么样子的。

其实，北朝时代的学者已经意识到，发生在他们生活现实中的许多问题，其源头并不在汉魏的华夏社会。颜之推《颜氏家训》比较南朝北朝妇女在家庭及社会事务中的作用时，说北齐"邺下风俗，专以妇持门户，争讼曲直，造请逢迎，车乘填街衢，绮罗盈府寺，代子求官，为夫诉屈，此乃恒代之遗风乎"？[14] 所谓"恒代之遗风"，也就是北魏孝文帝迁洛以前在平城地区的风俗。而平城地区的风俗，很大程度上就是内亚草原社会的风俗。颜之推发现，妇女在家庭和社会事务中如此强势和活跃，应该不是汉魏华夏社会的传统，因此邺下风俗必定另有来源。来源何在呢？生活经验提示他，只能到恒代鲜卑传统中去寻找。这就把北朝的当代研究与内亚历史传统联系到一起了，具有了内亚的视角。《三国志》注引《魏书》说乌丸"怒则杀父兄，而终不害其母……故其俗从妇人计，至战斗时乃自决之"[15]，与乌桓文化传统语言风俗十分接近的鲜卑社会亦大致如此。如果颜之推沿着这个思路进一步去研究恒代遗风及其内亚渊源，那么他就是在进行有着内亚视角的北朝当代史研究了。

朱熹在《朱子语类》里的一句话，因陈寅恪先生在《唐代政治史述论稿》开篇的引用而为人熟知："唐源流出于夷狄，故闺门失礼之事，不以为异。"[16]朱熹这样说，可能是为了解释唐宋之不同。陈寅恪先生引用这句话，则是为了给李唐统治集团寻找北朝源头，以建立其文化史观的基本概念。[17]他们并不关心内亚史，但都把内亚因素纳入到了北朝和隋唐历史的解释之中。"闺门失礼"是不是颜之推所说的"恒代之遗风"呢？依据文献资料似乎还难以得出这样的结论。这种到内亚传统去寻找对北朝历史现象的解释，却又缺乏真正意义上的内亚关怀的，并不是我所说的"内亚视角的北朝史"。同类的例子还可以再举两个。

第一个是均田制研究。唐长孺先生在探讨北魏实施均田制的社会经济背景时，把拓跋鲜卑游牧时代的经济制度、牧地所有权观念，看作北魏"计口受田"的基础，是均田制得以实施的重要条件。[18]王仲荦先生也持几乎一样的看法。[19]他们把均田制的源头追溯到内亚游牧世界的牧场所有制观念与制度，所谓"前封建公社制度"，目的只是给北魏均田制的出现找到一个历史解释。可是，从现代人类学的游牧社会研究和游牧经济研究的角度看，这样的历史联系似乎是难以建立起来的。问题不在于这一联系是否最终可以建立，而在于内亚所扮演的角色：遥远而模糊的内亚仅仅承担了对北朝某一历史问题的解释责任，而这一解释却不能帮助我们对内亚的历史与传统有更清晰的认识。因此，这样的研究实例即使是成立的，也不能算作"内亚视角的北朝史"。

第二个例子是专制皇权。前举解释中国历史上皇权体制一再振作的"异族活力说"，把内亚征服者自身原有的军国体制当作"异族入主带来的制度变迁"的重要动力[20]，而内亚军国体制及其传统的具体内容究竟是什么，并不为这类研究所关注。和均田制一样，内亚因素在这里仅仅承担了解释北朝历史的责任，而内亚因素的理解却并未因此变得更清晰、更丰富。现代内亚研究者对游牧政治和游牧军事的研究，似乎也难以为内亚征服者在所征服地区采行的政治制度提供足够有效的说明。事实上，历史时期内亚游牧征服者在不同定居社会建立的政权，其制度形态多种多样、各不相同，与其说这些政权相互之间有什么相似和一致，还不如说它们与各自所在的定居社会此前的政权形态有更密切的关联。这种临时地征召某一尚不明确的内亚传统来为北朝某一历史难题遮风蔽雨的做法，当然不能算是"内亚视角的北朝史"。

内亚视角的北朝史，应该是通过对北朝某一问题的研究，而从某一角度或在某一局部照亮内亚史，从而丰富我们对内亚传统的认识。在欧亚大陆各主要区域里，内亚的史料最为稀少，而且通常也不是内亚世界以自己的语言制作的，这种情况在 7 世纪以前尤为突出。可以说，研究早期（北朝及以前）内亚的东部地区，汉文史料占有垄断地位。这是内亚史与中国史长期发生交集、相互重叠的结果。这些汉文史料制作并保存于定居社会，凝聚着定居社会的文化价值与文化偏见，本来就是为叙述定居社会历史服务的。研究内亚，不得不在这样的史料中爬梳披检。在这个意义上说，内亚史与中国史发生深度重叠的时期，通常就是内亚史料较为丰富的时期，北朝便是其一。那些具有内亚视角的北朝史研究，就为内亚史做出了贡献。试举例说明如下。

何德章先生《"阴山却霜"之俗解》[21]，是有关理解北魏前中期历史线索的一篇重要文章。《宋书》记北魏"其俗……六月末率大众至阴山，谓之却霜"。[22] 何德章先生分析指出，这里所谓的"俗"，并不是一种古老的风俗，而是在道武帝和明元帝时期出于军事和经济目的所进行的连年巡游，二十多年后之后竟变成一种风俗、一种国家典制。阴山地区是北魏抗击柔然的战略要地，而北魏与柔然的争斗正是这个时期内亚舞台上的主要戏目。随着阴山却霜蜕变为一种风俗和仪典，对于北魏国家来说，阴山本身也失去了往日的军事和经济意义，意味着北魏的内亚权重进一步衰退了。借助这一考察，内亚各政治体的所谓风俗与传统，在"阴山却霜之俗"的演变中也显露出"政治—文化—经济"与"现实需求—文化传承"各自复杂纠结的一面。文章的主旨是研究北魏的政治重心如何渐次南移，从内亚史观点看，这正是拓跋鲜卑如何淡出内亚游牧世界的过程，也就是拓跋政权的内亚性逐渐衰减的过程。虽然内亚史与中国史之间的重叠从未消失，但内亚性与中国性两者各自所占的份额却在发生逆转，考察这种逆转也是非常有趣的内亚史问题。

田余庆先生有关北魏"子贵母死"制度的研究，现在已经是北朝史的经典个案。[23] 和"阴山却霜"一样，子贵母死的发生，是现实利益格局冲突挤压的结果，是一个政治选择，但后来竟形成一种类似风俗，或被某些人宣称为古老制度的拓跋传统。落实在历史叙述上，给人的表面印象，子贵母死似乎是一种内亚的部落遗俗。田先生的研究就是揭去这个拓跋传统的文化外衣，通过考察北魏国家早期君主权的确立与稳定过程，把早已沉没于时间长流中的乌桓与母族因素挖掘出来，使得看起来并无波澜的拓跋统治权之建立不再那么理所当然。由此，内亚历史的这一部分，即内亚拓跋政治体发育、提高和稳定的历史，呈现出惊涛骇浪的面相。文章对于拓跋部早期君位传承中后妃的作用及后妃所出部族背景的研究，前所未有地表达出内亚草原时期的拓跋集团政治发育与社会发展交织互动的历史，对于理解内亚游牧社会政治体从部落向酋邦、从酋邦向国家的演进过程中，政治权力如何集中、如何凝固、如何传承，提供了一个具有示范意义的案例。应该指出，田先生收入《拓跋史探》的各篇文章，大都是具有内亚视角的北朝史研究范例，尽管他的动机并不是研究内亚史。

　　近十多年来，我自己开始把学习范围从传统的中国中古史扩大到内亚史，逐渐意识到中国史与内亚史二者间的重叠交叉不仅是研究者扩大视野的机会，而且也是一个相当严峻的挑战，因为对重叠历史的研究，既可能同时有所贡献于两个不同的学科，也可能因为不符合其中一个学科的规范和要求而显得生硬简率和不伦不类。比如说，中国史和内亚史都对语文学（Philology）训练有极高的要求，要同时满足这些要求当然是非常困难的。尽管如此，对于研究与内亚史相重叠的中国史的从业者来说，具备内亚史的部分知识和学科自觉还是非常重要的。这里所说的学科自觉，就是主动学习内亚史，并在研究中不仅以中国史的传统和标准来要求自己，也以内亚史的技术规范和学科目标来鼓励和约束自己。我对北魏直勤制度的研究，对北族名号与姓名的研究，大体上都是在这样的思路下完成的。

　　不消说，内亚视角的北朝史加入之后，北朝史变得更丰富、更立体了。然而意义还远不止此。我们前面说北朝史是中国史的一部分，同时北朝史也是内亚史的一部分。中国史与内亚史的这种重叠交叉当然不是偶发的、孤立的，而是贯穿全部中国历史的。新清史所引发的"清朝是不是中国"的争议（当然这样的争议事实上脱离了新清史的学科关注点，一定程度上是非学术的），容易给人一个错觉，似乎清代历史在中国历史中十分特殊，与其他历史阶段迥然不同。其实，中国历史中差不多一半的时间内都存在类似清朝的问题，而另外一半时间中国史又与内亚史有着无法切割不可分离的重叠。

内亚史自成一个历史系统，它绝非必须依附于中国史才能成立，这是没有疑问的。但是，内亚史从来就没有，或绝少有可能不与中国史发生或浅或深的接触、交叉乃至重叠。完全脱离了中国史的内亚史，甚至不可能被记录、被叙述、被了解，而成为永久消失了的过去。同样，中国史从来就没有缺少过内亚因素的参与，这种参与有时甚至决定了中国历史发展的方向。因此，争论"清朝是不是中国""元朝是不是中国""辽是不是中国""金是不是中国""西夏是不是中国""十六国北朝是不是中国"，还有什么意义呢？所以我们必须看到，这些争论是非学术的，不应出现在我们的讨论中。

新清史讨论最重要的成绩之一是开启了内亚视角的

清史观。虽然中国历史中的所有时期都有内亚因素的参
与，但存在着强弱轻重的差别。如果我们把中国历史中
的内亚因素称作"内亚性"，那么不同时期的内亚性是不
均匀的。十六国北朝、辽、金、西夏、元、清，当然是
内亚性最为强烈的时期，但秦、汉、唐、宋、明这些时
代里，内亚性也一直存在，甚至有时候还相当重要。同
时，即使在内亚性最为强烈的那些王朝，在不同时期、
不同地域内，内亚性也有着不均匀的分布。比如，清初
和清后期，内亚性就有很大的强弱之别。中原腹地及以
南的地区，其内亚性就远不如东北、华北北部和西北广
大地区鲜明强烈。分析不同时期、不同地域内亚性的强
弱变迁，对理解中国历史来说，可能就如欧立德（Mark
Elliott）所说的那样，"忽然捕捉到来自过去的新频率，
发现过去的另一种声音"，"等于发现了一种新的音乐"。[24]

　　前述对北朝史方法论的探讨告诉我们，内亚视角的
中国史，要求有更多的研究者深入了解内亚，而不是站
在长城上向北手搭凉棚眺望一番而已。有了这样的方法
论自觉，加上大量具有内亚视角的历史个案研究，可以
期待，欧立德所说的"使得之前受压抑的声音，被隐藏

的叙述，逐渐地浮出台面"，就不仅仅发生在清史这一个领域，还会贯穿全部中国历史的各个时期。

注释：

1. 北朝和南朝的说法最初出现在南北朝后期，那时南方不再称北方为"索虏"，北方也放弃了对南方"岛夷"的詈词，而以南朝、北朝的说法，委婉地承认各自政权的合法性。

2. 《资治通鉴》卷一〇八，第 3429 页。

3. 陈寅恪先生《唐代政治史述论稿》上篇题曰《统治阶级之氏族及其升降》，后又有多篇文章考证李唐皇室之氏族、李太白之氏族，他所说的"氏族"正是胡三省"氏族之辨"的氏族。

4. 赵翼：《廿二史札记》卷八"僭伪诸君有文学"条，参王树民《廿二史札记校证》，北京：中华书局，2013 年，第 171—172 页。

5. 陈寅恪：《述东晋王导之功业》，原刊《中山大学学报》1956 年第 1 期，收入《金明馆丛稿初编》，上海：上海古籍出版社，1980 年，第 48—68 页。

6. 陈寅恪：《隋唐制度渊源略论稿》"叙论"，北京：中华书局，1963 年，第 1—3 页。

7. 唐长孺：《魏晋南北朝隋唐史三论》，武汉：武汉大学出版社，1992 年，第 486—491 页。

8. 胡宝国：《关于南朝化问题》，2000 年在"象牙塔"网站始发，后收入《虚实之间》，北京：社会科学文献出版社，2011 年，第 80—88 页。

9. 牟发松：《略论唐代的南朝化倾向》，《中国史研究》1996 年第 2 期。

10. 田余庆：《东晋门阀政治》，北京：北京大学出版社，1989 年初版，2005 年第 4 版，第 296 页。

11. 陈寅恪：《李唐氏族之推测后记》，《金明馆丛稿二编》，上海：上海古籍出版社，1980 年，第 303 页。

12. 阎步克：《波峰与波谷——秦汉魏晋南北朝的政治文明》，北京：北京大学出版社，2009 年，第 240—245 页。

13. 阎步克：《论北朝位阶体制变迁之全面领先南朝》，《文史》2012年第3辑，第199—220页。

14. 王利器：《颜氏家训集解》（增补本），北京：中华书局，1993年，第48页。

15. 《三国志》卷三〇《乌丸传》裴注引《魏书》，北京：中华书局，标点本，1982年第2版，第832页。引用时，断句有所不同。

16. 黎靖德（编）：《朱子语类》卷一三六，北京：中华书局，1986年，第3245页。

17. 陈寅恪：《唐代政治史述论稿》，北京：生活·读书·新知三联书店，1956年，第1—19页。

18. 唐长孺：《拓跋国家的建立及其封建化》，《魏晋南北朝史论丛》，北京：生活·读书·新知三联书店，1955年，第206—227页。

19. 王仲荦：《魏晋南北朝史》，上海：上海人民出版社，1979年，第520—525页。

20. 阎步克：《论北朝位阶体制变迁之全面领先南朝》，《文史》2012年第3辑，第220页。

21. 何德章：《"阴山却霜"之俗解》，武汉大学历史系魏晋南北朝隋唐史研究室（编）《魏晋南北朝隋唐史资料》第12期，武汉大学出版社，1993年，第102—116页。

22. 《宋书》卷九五《索虏传》，北京：中华书局，点校本，2019年，第2550页。

23. 田余庆：《北魏后宫子贵母死制度的形成和演变》，《国学研究》第5卷，北京：北京大学出版社，1998年，收入《拓跋史探》，北京：生活·读书·新知三联书店，2003年初版，修订本于2011年出版，此文载修订本第1—51页。

24. 欧立德：《满文档案与新清史》，第1—18页。

耶律阿保机之死

天显元年（丙戌岁，926年）春，辽太祖耶律阿保机完成了他征战生涯的最后一个目标，当然也是辉煌的目标：吞灭渤海国。班师南归的路显得过于漫长，到七月二十日（926年8月30日），大军才回到半年前攻拔的扶余城。这一天"上不豫"，阿保机病倒了。夜里，"大星陨于幄前"。七天后，五十五岁的阿保机驾崩。《辽史》说，他死的这天早晨，长达一里的黄龙盘旋缭绕在扶余城内的子城上，"光耀夺目，入于行宫"，同时或稍后，"有紫黑气蔽天，逾日乃散"。[1]阿保机这场死，相比起古代其他帝王的死，似乎动静特别大，异象格外多，故史称"扶余之变"。

　　古开国之君起自匹夫，提三尺剑而得天下，虽是马上得来，却必定说成受天之命。史书中受命之君种种奇迹瑞象的记录，多与诞降有关，大概都是"鼎革"预备工作的一个环节。耶律阿保机也不例外，《辽史》记他母亲因"梦日堕怀中"而有娠，生时"室有神光异香"，一出生就会爬，壮硕如三岁孩子，三个月即可行走，[2] 一岁会说话，能预知未来，自称常有神人在身边护卫，等等，与古来神皇圣帝们并没有太大的不同。然而，和他们不同的是，阿保机不仅生得神神怪怪，而且死得也轰轰烈烈。一般地说，诞降奇迹是改朝换代之际用以神化新君的，一旦鼎革完成，不再有必要继续论证他的受命神话，史书中那些打江山的君主，死的时候就不必再伴有非自然现象。因此，辽代史料如此大肆渲染耶律阿保机之死，就有些异乎寻常了。

　　而且，耶律阿保机的死还另有惊世骇俗、匪夷所思之处：他三年前已经准确地预言了自己的死。《辽史》记阿保机于天赞三年（甲申）六月十八日（924 年 7 月 22日），"召皇后、皇太子、大元帅及二宰相、诸部头"，说了一番难以捉摸而令人"惊惧"的话。他首先提到"圣

主明王，万载一遇"，指出优秀的领导者并不多，说自己
"既上承天命，下统群生，每有征行，皆奉天意"等等，
解释自己在位以来的所有行为都是秉承天意的，功绩多
多，而无不当。接着谈后嗣的安排，说"宪章斯在，胤
嗣何忧"，对既定的继承制度显得颇有信心。然后话锋一
转，说了几句意味深长的话："升降有期，去来在我。良
筹圣会，自有契于天人；众国群王，岂可化其凡骨。"[3]
大意是说我这样的非凡之人，生死之期，去来之会，都
是由天早已安排好的。如果没有随后明明白白的生死预
言，这几句话终究是模糊难懂的。他接下来说："三年之
后，岁在丙戌，时值初秋，必有归处。"仔细去听，既像
是预言，又像是承诺。最后，阿保机说："然未终两事，
岂负亲诚？日月非遥，戒严是速。"字面的意思，是说我
还有两件事没完成，但绝不会说了话不算，时间这么紧，
抓紧准备出发吧。《辽史》记阿保机说完这些话，"闻诏
者皆惊惧，莫识其意"。[4]

　　很少有历史学家会认真对待史书中君主诞降的异象
描写，但耶律阿保机提前三年预言自己死期的这条史料
又难以否定。这段话，营中所有的贵要都亲耳听到了，

不大可能是在阿保机死后编造的。当然，阿保机的原话不可能是汉语，据说他不是不会汉语，但从不在契丹权贵面前说。那么上面引的这些话起初是以契丹语口传下来，后由汉臣译写为雅言。比如"三年之后，岁在丙戌"，在阿保机的原话里，大概本来是"再过三年，到狗儿年"云云。清代赵翼在《廿二史札记》里有一条"辽金之祖皆能先知"，似乎不敢怀疑阿保机这种预知未来的能力，解释说"草昧开创之主，亦必有异禀，与神为谋……岂非所谓凤慧性成，鬼神相契，有不可以常理论者耶"[5]，似乎宁愿在这里向神秘主义投降。大致上可以相信，阿保机的确提前三年预言或承诺了自己的死亡。后世读史者所面对的难题，只是如何理解、如何解释这一史实。

如赵翼那样倾向于相信阿保机拥有"不可以常理论"的神秘能力的，一定并不少，既然"不可以常理论"，研究者就可卸掉解释的责任。不过现代历史学家的原则之一，偏偏就是要以"常理"来理解和解释看似超越常理的史实。王小甫教授在新著《中国中古的族群凝聚》的第四章《契丹建国与回鹘文化》中，勇敢地面对了这个"扶余之变"的难题。根据他的理解，与耶律阿保机诞生死亡相关的这么多奇象异迹，如其母梦日而有娠，生时"神光属天""异香盈幄"，死时大星坠地、黄龙缭绕，等等，都根源于一部分回鹘人在回鹘帝国溃灭后汇入契丹而带来的摩尼教信仰，他们附会摩尼经典的神迹叙述，是为了把阿保机塑造成与摩尼经典相合的宗教圣人。对于死前三年的预言，王小甫教授说是"大义凛然、视死如归的宣言"，并且判断"这种气概恐非宗教献身精神莫属"。按照这个理解，阿保机之死，不是自然死亡，而是他提前三年就已安排停当的自杀（或自愿的他杀），目的是把自己塑造成摩尼教三位一体的拯救之神。

这个研究对阿保机一生一死的神秘表象第一次给出了理性和历史的解释。不过我怀疑，比附宗教经典编造诞降奇迹固然容易理解，可是为了神化自己竟至于奉献生命，则过于骇人听闻，与阿保机的政治身份未必相合。简单一句话：这个动机不够充分。我试图换一个角度，从内亚传统的约束力、契丹国家制度建设与阿保机所处的复杂政治环境等因素入手，分析他何以不得不死，甚至何以不得不承诺自己三年后会死。

首先说内亚传统。《周书》记突厥人立可汗的仪式，有这样一段话：

> 其主初立，近侍重臣等舆之以毡，随日转九回，每一回，臣下皆拜。拜讫，乃扶令乘马，以帛绞其颈，使才不至绝，然后释而急问之曰："你能作几年可汗？"其主既神情瞀乱，不能详定多少。臣下等随其所言，以验修短之数。

这段话的意思是，突厥可汗初立时，近臣贵要们要用一张毛毡把他抬起来，按照太阳运行的方向，也就是顺时针的方向，旋转九次，每转一次，新可汗要在毛毡上接受重臣的敬拜。之后，新可汗被扶到马上，臣下用丝巾绞勒可汗的脖颈，直勒到他快断气的时候才停下来，问他在可汗位上可以坐多久。可汗被勒得头昏脑涨，神志不清，迷迷糊糊地说出了一个数字。臣下就以他这个数，将来验加以证。

《周书》这条记载有几处不清不楚的地方，比如突厥新可汗是在马上被勒脖子吗？那样岂不难以实施？其实很可能是这样的，新可汗被扶上马，臣下大力策马疾驰，可汗在飞奔的马上颠得七荤八素、摔下马来，再施以丝巾绞勒脖颈的仪式。这段话还有另一个缺点，就是没有交代新可汗的预言如果与实际不符，会怎么样。当然，如果可汗早于他预言的年限而死，那没有什么问题。可是，如果他活得超过了这个年限呢？立汗仪式的各个环节都具有神圣性，预言在位年限绝不是可有可无的，也不会不具约束力，更不可能是为了满足臣下对可汗在位"修短之数"的好奇心。这一套仪式，蕴含了内亚草原政治传统的许多结构性因素，包括会议协商的机制，彼此承诺的信誉，轮流掌权的政治结构，以及汗权天授的思想基础，等等。在这个背景下，我们可以理解，神志迷失时说出的数字，既是天意的垂示，也是新可汗终将放弃汗位以尊重其他竞争者的承诺。因而，如果他竟然活得超过了自己承诺的年限，那不可能没有后果。

10世纪的波斯地理学家伊斯塔赫里曾经到伊斯兰东部地区旅行，如河中、呼罗珊等地，终老于撒马尔罕，著有《道里邦国志》。在这本著名的中古地理书里，有很大一段，讲述伏尔加地区可萨人的地理、城市、风俗、政治和社会状况。研究者认为，该书有关可萨人的

记录有三个不同的史源，但很显然这些史源彼此并无冲
突。根据其中一个史源的说法，可萨人的国王，称作伯
克（bak 或 bek）。据另一个史源，该书有一段记录特别
有意思，译成中文是这样的：

> 至于他们的政治制度，权力最大的人称为可萨
> 可汗（Khaqan），比伯克们要威风得多、高贵得多，
> 尽管可汗其实是由伯克们任命的。当他们要任命可
> 汗时，他们抓住他，用一条丝绸勒他的脖子，直至
> 他濒临死亡。然后问他：你希望统治多久？他回答：
> 若干若干年。如果他在那年限之前死了，那还好，不
> 然的话，在接近那年限的时候他就会被干掉。

关于可萨可汗的任职年限以及超越年限的惩罚，著
名的阿拉伯旅行家伊本·法德兰在其旅行报告中也提到
了。伊本·法德兰于 921 年受阿拔斯朝哈里发的派遣，
从巴格达出发，艰难北行，出使伏尔加的保加尔人。他
的旅行报告本来只有残缺的手抄件流传，一直到 20 世纪
才由突厥学家在伊朗找到一份 13 世纪的完整手抄本。对

近代西学研究者来说，该报告最令人震惊的地方是记录了伏尔加的维京人，而且作者目击了维京人的船葬仪式。对我们来说非常宝贵的是，伊本·法德兰也提到了可萨人的政治体制和风俗习惯。其中有关可萨可汗在位年限的一段是这样讲的：

> 可萨王（可汗）的统治年限是四十年。若有谁超过了这个年限，哪怕只超一天，臣民与扈从就会杀掉他，宣称："他已丧失理智，思想混乱。"

伊斯塔赫里和伊本·法德兰这两条材料的共同之处是可萨可汗有任期年限，而且，都提到超越年限就会面临死亡。不同之处在于，伊斯塔赫里的记录把年限的设定与立汗仪式联系了起来，伊本·法德兰的记录则笼统地说是四十年。不难猜测，四十年也许是伊本·法德兰恰好亲历获知的某位可汗的年限，而不会是历任可汗的共同年限。这两条有关可萨人的材料，我是从丹尼斯·塞诺的文章《大汗的选立》中获得线索的。当然上面的两条译文，并非依据塞诺的引文，我依据的是普及版的"企鹅丛书"本《伊本·法德兰与暗黑之地：阿拉伯旅行家在遥远的北方》(*Ibn Fadlān and the Land of Darkness: Arab Travellers in the Far North*)。2006年我们编译《丹尼斯·塞诺内亚研究文选》时，我正在思考所谓的"扶余之变"，塞诺这篇文章让我意识到可萨人的政治制度与阿保机之死，两者间一定存在着某种文化和历史的联系。

这个联系就是内亚的政治传统。当然，很多古代政权都有在王朝创建之初预测皇位可传多少代的做法。比如西晋武帝称帝的时候曾"探策以卜世数多少"，没想到"探策得一"，意味着只传一代，君臣张皇失色，幸亏巧言善辩的裴楷另作他解，才勉强敷衍过去。曹植《驱车篇》有句曰："探策或长短，唯德享利贞。"看来这种抽签式的卜算王朝寿命的做法，是相当普遍的。但是，不同于突厥立汗仪式上新可汗预言在位年限，中原王朝并没有每个皇帝即位时自卜在位时间的传统，王朝创建者探策以卜世数的做法，本身已不附带任何强制性，即使二者在起源意义上具有某种相近的原始信仰及早期政治体发育的背景。

我们知道，内亚的历史与传统自有其独立性和连续性。6 世纪的突厥和 10 世纪的可萨在立汗的仪式上，都有以丝巾绞勒新汗脖颈然后让他预言在位年限的环节，这绝非偶然的情节雷同。内亚历史的独立性，意味着以蒙古高原为中心的草原各游牧人群间有着高密度的文化与政治接触，从而作为一个历史单元鲜明地区别于南方定居农耕社会各人群及其政治体。可萨与突厥共享着这个内亚传统。内亚传统的连续性，意味着在与外部政治体、文化体发生接触并接受影响的同时，内亚各游牧人群所建立的政治体之间的相关性，可以保障内亚独特的文化与政治传统能获得连续的传播与发展，无论是在时间上（从 6 世纪到 10 世纪），还是在空间上（从鄂尔浑河谷到伏尔加河谷）。

突厥学家泽基·韦利迪·托安，就是在伊朗的伊斯法罕发现了前面提到的伊本·法德兰旅行报告完整手抄本的那位著名学者，他在回忆录里提到，小时候他在乌拉尔山间的经学堂读书，"秋季经学堂一开学，就得选出称作 kadi 的学生头儿来，让他坐在四人高举的白毡上，被一众学生掐、打，甚至用锥子使劲地戳，疼得他哭叫起来"。托安教授认为，这个习俗源于古老的突厥选汗的传统。在 19 世纪末 20 世纪初突厥世界的边缘地带，还能看见的这种古老的选汗立汗仪式的残余，固然未必直接源于古突厥（事实上可能来自西征的蒙古人），但宏观地看，内亚游牧世界象征性文化符号的跨语言、跨地区、跨时代的传播继承与发展，正是内亚历史独立性与连续性的美妙诠释。

也就是说，立汗仪式上让神志不清的新可汗预言自己的在位年限，作为一个传统，不仅存在于突厥与可萨两个汗国，也不仅发生在 6 至 10 世纪。虽然没有更多的史料，但可以相信，突厥汗国的这个习俗（或制度），是从内亚更早的政治体学来的，比如柔然，与柔然同属一个语言文化群的其他鲜卑集团，甚至略早一些的乌桓，等等。我不敢提到匈奴，是因为有较多的例证显示，匈奴帝国崩解之后的内亚游牧政治文化发生了一个较大的转折，这个断裂是否存在、性质如何，还需要今后仔细研究。而在突厥汗国之后，薛延陀、回鹘、黠戛斯等草原政权，应该继承并延续了这一传统。

也许是经由回鹘人的传播与辅导，契丹的立汗仪式中也有这一环节，尽管史料语焉不详。契丹传统礼典中最重要的是柴册仪，其中包含有立汗仪式，《辽史》是这样记的：

> 皇帝入再生室，行再生仪毕，八部之叟前导后扈，左右扶翼皇帝册殿之东北隅。拜日毕，乘马，选外戚之老者御。皇帝疾驰，仆，御者、从者以毡覆之。

比较《辽史》这一段与《周书》记突厥立汗仪式，契丹新可汗之"乘马"，就是突厥人"扶令乘马"。不同的是，《辽史》接着讲了外戚年长者驱马疾驰，以至于把新可汗从马上颠下地来。很可能《周书》漏记了这一环节。然后，《辽史》说驱马者与扈从者赶上前，用毡子把新可汗包裹起来。包裹起来之后做什么呢？《辽史》再无记录。根据《周书》，接下来就是用丝巾绞勒新可汗的脖颈，致其昏迷，再问他居位年数，这个情节与可萨立汗仪式完全一样。很可能，契丹可汗也要经历这一环节，只是史书有意无意地漏记了。就仪式的复原而言，突厥与契丹的现存史料可谓互为补充。可是，就仪式的强制性意义而言，只有前引有关可萨的两条材料明确说出来了，那就是，可汗在位不能超过这个期限。

为什么要设置居位年限？为什么以这一方式来设置？我想，要从内亚游牧政治体早期发育的角度来理解。设置年限也许是从部落向更高阶段发展时，由部落联合体内各主要成员轮流行使主导权所形成的传统。人类学的研究显示，即使在政治体发育的较早阶段，政治首领的选择都会被赋予"神授"的解释。在内亚，这个"神授"则是以一套被研究者笼统地称作"萨满教"的内亚巫术系统作为理论基础的。在立汗这样的重大政治仪式上，中心人物是可汗，巫人（或称萨满）最多充任司仪甚至更不重要的角色。既然可汗居位年限是必须设置的，那么这个年限应该由可汗自己说出来，而且必须是在与"天"进行沟通时代表"天"说出来。与"天"沟通，那也就是和萨满一样处在丧失正常理智的状态下。先在疾驰的马上颠簸一阵摔下马来，再以丝巾绞勒可汗的脖颈致其濒死，就是为了让他进入那种与"天"沟通的状态，与萨满们通过药物进入那种"出神"状态并无不同。与"天"沟通之后的可汗所说出的在位年限，就不再是他个人的欲望，而是"天"的意志，因而也就具有不可抗拒的强制力。

一定会有人提出疑问：如果每个新可汗都要在无意识状态下预言自己的居位年限，那么自古以来说出较小数字的可汗一定不会少，为什么没有史料显示他们都被杀死了呢？在这里，仪式所代表的文化传统，和游牧汗国的政治发展之间，存在着理论与实践、理想与现实的差距。随着游牧政治体规模增大，领导地位的获得越来越依靠领袖自己的实力，这种实力不仅是他在结构松散的联盟中所获得的拥戴（所谓克里斯玛效应），而且，甚至更主要的是，他本人所代表的部落与家族的规模权重，以及效忠于他个人的军事力量。在这样的实力架构下，即使领导权仍为某种联盟体所共享，参与立汗的人多数还是他的亲信，不会真的勒得他濒于死亡失去理智，而他只需要说一个较大的数字就可以把这个仪式应付过去。伊本·法德兰在可萨所听到的四十年期限，大概就是这样产生的。

当汗位稳定在一个家族内部传承时，理论上同一祖先的男性后裔都有继承权，以辈分及年龄为继承顺序，因此都会获得一个称号，比如 Tegin，即鲜卑的直勤、突厥的特勤。事实上，汗位会在越来越小的血亲范围内传承，与中原政治传统结合后，还会最终接受嫡长子继承制。在这一过程中，汗位传承仪式的传统虽然会被尊重，但基本上流于形式，那种把新可汗真的勒得几近昏迷的事情，已不可能发生了。

然而，耶律阿保机做可汗之时，拥立者恰恰认真地执行了传统仪式，阿保机本人在仪式上未能保持清醒，说出了一个不够大的数字，才引发了后来一次又一次的政治动荡，并最终促成了"扶余之变"。

辽史研究者经常提到契丹可汗的"世选"制度，大致是说，在耶律阿保机之前，历代契丹可汗皆以世选制产生，即由部族首领聚议，从具备可汗继承资格的男性中推选一人为可汗，也有学者相信八部轮流为汗即是这一制度的基础。这个说法当然是一个过于笼统的概括。就契丹集团从松散的部族联合体向集权汗国发展的历史过程而言，每一个重要的转变都是对制度传统的突破，也必定伴随着集团历史的一再重写。辽代史料中的可汗八部"世选"，很大程度上只是后来的一种历史叙述而已。但是，被突破的制度与被改写的历史，会以仪式和风俗的形式，部分地沉淀进文化传统，继续存在下去，并与主流和官方的叙述形成一定的竞争。研究者发现不同时期和不同来源的契丹史料，记阿保机之前的契丹可汗选立制度矛盾抵牾之处甚多，可视为不同形式不同来源的信息碎片彼此竞争的结果。

在阿保机之前，他所属的迭剌部从未有人做过可汗。契丹的汗位在一定时期总是被一个部族所垄断的，先有大贺氏，后有遥辇氏，三百年间其他各部并无机会染指汗位。可是，史料关于八部轮流为汗的说法的确很多，比如《契丹国志》说以前契丹部落"分而为八，以次相代"[6]，《新唐书》说"其八部大人法常三岁代"[7]，《旧五代史》称契丹八部"内推一人为主，建旗鼓以尊之，每三年第其名以代之"[8]，三年为期的说法可能就是从这里来的，应该不是普遍的制度。《册府元龟》不提三年为期和以次相代，只说"契丹有八部，每部皆号大人，内推一人为主"[9]。所谓大人，就是夷离堇，即irkin，北朝和唐代多习惯译作俟斤。《新五代史》也只说"常推一大人建旗鼓以统八部"[10]，等等。

"以次相代"的认识当然很可能不是历史真实，但似乎很早就形成为一种有相当影响力的历史叙述。这一叙述的认识基础，就是相信可汗是有任期的。根据欧阳修《新五代史》的说法，若有任期结束或不称职者，"则八部聚议，以旗鼓立其次而代之。被代者以为约本如此，不敢争"[11]。赵志忠《虏庭杂记》说如果契丹之主不称职，"其诸酋长会众部，别选一名为王"[12]。研究者指出，阿保机之前的可汗都是终身制的，没有中途下台换别人做的，更没有各部轮流为汗的任何证据。尽管如此，那些有关可汗存在某种推举程序及存在可汗任期的史料，也并不都是胡编乱造，而是早期契丹部族联合体政治结构及制度安排的某种曲折反映。

出自迭剌部的耶律阿保机得以坐上遥辇部垄断了一百七十年的汗位，是相当长时间以来契丹联合体内迭剌部壮大、遥辇部衰落的结果。尽管耶律阿保机以迭剌部夷离堇的身份，领导能力突出，事实上掌控汗国已经多年，而他最终敢于突破传统，取得汗位，最重要的因素之一还是迭剌部的强大。他代立为汗，意味着迭剌部从此成为汗族，汗位将会在迭剌部内传承。一方面，只有当实力已集聚得空前强大，他才能实现对契丹政治传统的突破；可是另一方面，突破传统之时，恰恰又是他最容易受到攻击、处在最脆弱位置之时。这种脆弱的表现之一，就是他未必能完全掌控那些主导立汗仪式的人。

史书记耶律阿保机于 907 年"即皇帝位"，"群臣上尊号曰天皇帝，后曰地皇后"。[13] 其实，这时他并没有采用中原政权的皇帝称号，他新获得的称号是可汗。在这个盛大仪式上，拥立者奉给他的称号并不是天皇帝，而是天可汗，即 Tengri Qaghan（唐代史料常译作"登里可汗"），其妻子述律氏所得到的称号也不是皇后，而是可敦，即 Qatun。可以相信，立汗仪式的主要内容应该就是柴册仪，其中包括预言在位年限的环节。也就是说，阿保机经历了被颠下疾驰的马再被勒颈的仪式。在那个仪式上，参与者很认真地遵守传统，真的把他折腾得死去活来，而他，很不幸地，也的确给出了一个不大的数字。

我认为，耶律阿保机所预言的居位年限是九年。916 年，任期届满，本该退位的时候，他采用中原政治架构，以称帝建年号的方式，更新了自己的居位年限，换得又一个九年。天赞三年（924）是第二个九年到期的时候，该尊重天意和预言了，阿保机把"皇后、皇太子、大元帅及二宰相、诸部头"这些最主要的政治人物叫来，说了本文开头已引的那番话。主旨就是请求宽限三年，让他完成剩下的两件事，其中最重要的是征伐渤海。因此，他所说的"三年之后，岁在丙戌，时值初秋，必有归处"，事实上并不是预言，而是一种承诺，是一个保证。三年后的狗儿年（926），就是最终兑现诺言、完成天意的时刻。

当然，耶律阿保机不是一个虔诚的宗教信徒，更不是阿尔泰传统的坚定追随者，他不会因为尊重传统而放弃汗位，更不会为了履行诺言而舍弃生命。他多次面对叛乱，并多次击退要求他让位的政敌，现实中已经不再有足以逼他去死的政治力量。那么，他这么做，一定另有现实的、急迫的和影响长远的重大理由。据我的理解，这个理由就是，他要把草原传统的兄终弟及制改造为中原政治传统下的嫡长子继承制。所谓草原传统的兄终弟及，是指在一定血亲范围内同一行辈的男性都具有平等的继承权，继承顺序按行辈和年龄排列。迭剌取代遥辇，意味着从耶律阿保机开始，原则上，汗位首先在他和他的兄弟这一辈传递，然后在他们的子侄一辈传递，接下来再到子侄的子侄辈传递，如此向下不绝。从这个原则我们可以理解，何以拓跋鲜卑会有那么多的直勤，突厥、回鹘会有那么多的特勤，而这些拥有 Tegin 头衔的人，也都是可汗的在编候选人。耶律阿保机的目标，就是突破这一传统，把汗位传承限定在他自己的子嗣范围内，从而把他的弟弟们及其后裔排除在汗位继承者的范围之外。

阿保机称汗后，契丹爆发了多次内争，每一次都是他的几个弟弟领导的，目的是把他从汗位上掀下去。在阿保机初即汗位的第五年（911），以二弟剌葛为首，另三个弟弟迭剌、寅底石和安端为骨干，发起夺汗之战。这次夺位失败后，阿保机诸弟不仅没有罢手，反而更加积极地动员更多力量，以更猛烈的姿态，于次年卷土重来，这次牵涉之广、拖延之久、破坏之大，几乎摧毁了汗国。阿保机家族许多人都站在了他的对立面，甚至迭剌部也不复为他所用。直到 913 年底，阿保机才基本上重新控制了局面。有意思的是，阿保机虽然对某些叛党处置得相当严厉，但对叛党领袖们，即他的几个弟弟，却宽大不予追究，反加优容抚慰，宠以高位显爵。研究者指出，由于契丹传统中阿保机诸弟都有资格"以次代立"为汗，因此他们要求阿保机下台并不是"谋逆"，阿保机本人也只能宽容他们。

《辽史》记诸弟第一次谋叛失败后，"上不忍加诛，乃与诸弟登山刑牲，告天地为誓，而赦其罪"。[14] 阿保机与诸弟登上高山，杀羊马以致祭，告天地而立誓，绝不是普通的举动，实是与诸弟重订盟约，让他们对自己放心，表明绝不会赖在汗位上。显然他们并不相信他的话，次年再起，大动干戈，而且得到了迭剌部相当多人的支持，几乎获得成功。虽然阿保机再次在军事上获胜，但人心如此，他必已真切地看到，不能不有所应对。915年，阿保机在可汗位上做满了九年，第二年他就称帝建元，效仿中原政权那一套，这大概可以算作对居位年限的一个更新，就获得了再干九年的理论依据。第二年，两次叛乱的带头人剌葛眼看大势已去，等不到继位为汗的日子了，只好仓皇外逃。到924年，第二个九年也干满了，再没有说辞了，阿保机就只好请来权贵要人们，对他们赌咒发誓，要求宽限三年，并明确承诺了三年之后的去位（没有明说是死亡）。

　　需要注意的是，阿保机的弟弟们第一次叛乱的时间，距他年限届满还差四年，为什么他们如此迫不及待呢？我想，他们一定察觉到阿保机根本就没有届满让位的意思，而且发现他正在一步步培植自己的势力，其目的必是把他的弟弟们排挤到权力集团的外围。因此，剌葛等只好提前动手，而忠于传统的迭剌部很多人也看到了阿保机无意让位，故加入叛军一方。最典型的例子是阿保机称汗之初，就着手创建"腹心部"，在部族武装之外，建立了一支只忠诚于自己的武装，成为他后来赖以度过诸弟叛乱危机的主要力量。此后阿保机借助平叛成功，加紧改造和布局，建成了一种新的政治架构，足以保障父死子继的汗位传承。

　　到阿保机第二个九年任期里，原先的继承序列中的那几个弟弟，外逃的外逃，顿辱的顿辱，不仅不具有竞争汗位的实力，甚至也不再被认为可以继承汗位了。尽管如此，阿保机仍然面对着传统观念这个强大的对手。如果要让父死子继完全合理合法，他就必须做出一些非常举措，包括建立光辉的功勋，即征服渤海，以及兑现承诺，即牺牲自我。扶余之变，是以自我牺牲完满了自己，从而实现了新型继承关系在传统中的升华。可汗与皇帝的继承，从此局限于阿保机的后嗣之中。即使如此，阿保机的两个弟弟，一个在阿保机死前十天死，一个在阿保机死后两个月死，显然都是暴死的。阿保机兑现承诺的执行人述律后，有大肆杀人并自断手腕的惊人之举，这些都要放到这个非常背景下才可能理解。

阿保机之死，如果放到草原游牧政治传统接触中原政治文化，并主动接受后者影响的历史视野里，就具有了更宽广的意义。游牧政治体向中原政权转变的一个重要环节，就是继承制度的改造，完成从阿尔泰传统制度向中原制度的转型。历史显示，这绝不是一件轻易的事。恰恰相反，这个过程充满了血腥、非理性和不人道。田余庆先生在《拓跋史探》中考证北魏"子贵母死"制度的源流，指出这一残酷制度的本来目标，是要保障拓跋君权的独立、稳定和连续。美国学者艾安迪（Andrew Eisenberg）在《中国中古早期的君位》（*Kingship in Early Medieval China*, Brill, 2008）中指出，北魏中前期许多皇弟死得不明不白，很像是被杀死的，大概是为了避免他们在皇帝死后参与皇位继承之争。如果加上阿保机的例子，从今天读史的角度去看，杀死继承者的母亲和叔父，如果还不足以令人震惊，那么如耶律阿保机这样杀死自己，或让自己的夫人杀死自己，无论如何也是不可思议的。

也许，制度改造之难，文化转型之难，只有那些在转型中做出了巨大牺牲的人，才真真切切地有所体会吧。

【附记】这篇文章 2014 年在《上海书评》上发表以后，收到很多朋友的批评和建议，很多建议涉及设定在位年限和绞勒脖颈致人昏迷的问题。他们指出许多古代文化都有类似的实践，比如弗雷泽《金枝》里就有部族首领被认为在位超过年限或健康欠佳而被处死，建议我在修订时补充更多可比较的资料。我自忖一来知识有限，胡乱罗列的话必定挂一漏万，二来又觉得比较研究必须划定清楚的范围，而我讨论的是内亚传统，只宜在内亚世界范围内寻找可比较的材料。当然，即使在内亚范围内，我也必定漏掉许多重要的线索。下面补充两条，供有兴趣的朋友参考。

　　第一条，是藏学家王尧先生在讲解活佛转世制度时所提到的"下神"，见王先生《藏传佛教与灵童转世》一文，载《中国文化》第三十期（2009 年）。文中说活佛转世的第二道程序是"神旨"（Lha-bab），就是获得神的旨意：

　　　　西藏有四大神汉，清朝确定的，这里能下神。一个是拉穆，在现达孜县境内；乃琼，在拉萨哲蚌寺东南山下；噶瓦东，在拉萨哲蚌寺西北不远；桑耶，该寺在山南扎囊县境内。这四个地方能够为活佛过世以后下神。下神的时候，场面很可怕。把人勒得快断气了，脸都紫乌了，口吐白沫，这样，神附体了，说些话来，记录员记录下来。这是神示。

　　第二条是周思成先生赐示的。他告诉我，法国突厥学家鲁保罗（Jean-Paul Roux）的著作《文献所见古代与中古阿尔泰诸人群之死亡》（*La mort chez les peuples altaïques anciens et médiévaux d'après les documents écrits*，1963），也讨论过可萨可汗在位超越承诺年限而被处死的史料，并与《周书》关于突厥立汗以帛绞颈相联系，虽出版在先，塞诺写《大汗的选立》时却未曾引用。周思成把这段话从法文译成汉文如下：

对于杀死老人的习俗没有更加完整的记载，但是关于处决君主的仪式，我们有比较详细的记载。我在上一章的末尾已经简单提到，可萨人的王超过了自己曾经确定的统治年限，等待他的是什么命运。可萨人的行为显然根源于草原文化，尽管据说他们信仰犹太教。这种说法恐怕是没有什么根据的，因为伊斯赫塔里肯定地说，"他们的习俗主要是异教徒的"，只有王室成员，至少大部分，都皈依了犹太教。对于我们目前的主题来说，要着重指出，绞死君主和此后的奇异预言，通常都被认为来自可萨人，其实，早在他们以前就存在了，比如，在突厥人中，也有非常相似的习俗。

注释：

1. 以上引文出自《辽史》卷二《太祖纪下》，北京：中华书局，点校本，2016 年，第 25 页。

2.《辽史》卷一《太祖纪上》，第 1 页。

3. 本段此句及以上引文出自《辽史》卷二《太祖纪下》，第 21—22 页。

4. 本段余下引文出自《辽史》卷二《太祖纪下》，第 22 页。

5. 赵翼：《廿二史札记》卷二八，参王树民《廿二史札记校证》，北京：中华书局，2013 年，第 648—649 页。

6. 叶隆礼：《契丹国志》卷一《太祖大圣皇帝》，贾敬颜、林荣贵点校，北京：中华书局，2014 年，第 1 页。

7.《新唐书》卷二一九《契丹传》，北京：中华书局，点校本，1975 年，第 6173 页。

8.《旧五代史》卷一三七《契丹传》，北京：中华书局，点校本，1976 年，第 1828 页。

9.《册府元龟》卷九六二《外臣部》，北京：中华书局，影印本，1960 年，第 11320 页。

10.《新五代史》卷七二《四夷附录》，北京：中华书局，点校本，1974 年，第 886 页。

11.《新五代史》卷七二《四夷附录》，第 886 页。

12. 转引自《资治通鉴》卷二六六《后梁纪一》，北京：中华书局，点校本，1956 年，第 8677—8678 页。断句略有不同。

13.《辽史》卷一《太祖纪上》，第 3 页。

14.《辽史》卷一《太祖纪上》，第 5 页。断句略有不同。